Wolfgang F. Rothe

Whisky-Wallfahrten

Ein spiritueller
Reiseführer
durch Schottland

Wolfgang F. Rothe

Whisky-Wallfahrten

Ein spiritueller Reiseführer durch Schottland

INHALT

Ähnlich wie dieser Wegweiser im Ortszentrum von Port Ellen auf der Insel Islay ist auch dieses Buch dazu gedacht, Inspiration und spirituelle Orientierung zu bieten.

Dieses Buch ist kein Reiseführer im herkömmlichen Sinn. Es bietet weder Routenbeschreibungen noch Übernachtungstipps, sondern soll zunächst und vor allem dazu anregen, aufzubrechen, sich auf den Weg zu machen, eine Reise anzutreten. Dabei kann es sich durchaus um eine Reise handeln, die zu den Orten führt, die in diesem Buch vorgestellt werden. Die Reise, zu der dieses Buch anregen soll, muss aber nicht unbedingt zu anderen oder gar fremden Orten führen, denn es handelt sich letztendlich um eine innere, eine geistige, eine spirituelle Reise. Allerdings ist eine Reise zu anderen Orten, also das zumindest vorübergehende Verlassen des Vertrauten und Gewohnten, erfahrungsgemäß der nächstliegende und zielführendste Weg, um auch innerlich aufzubrechen, sich geistig in Bewegung zu setzen und spirituell voranzukommen. Dieses Buch ist darum vor allem, aber keineswegs nur ein spiritueller Reiseführer.

Die Reise, zu der dieses Buch anregen soll, führt, auch wenn es sich letztendlich um eine spirituelle Reise handelt, zu ganz konkreten, tatsächlich existierenden Orten. Diese Orte liegen allesamt in Schottland. Dass dem so ist, hat seinen Grund vor allem in der immensen Fülle an Inspiration, die Schottland zu bieten hat, und zwar allein schon durch seine grandiose Landschaft, sein ausgeglichenes Klima, seine bewegte Geschichte und seine einzigartige Kultur. Inspiration ist so etwas wie der Treibstoff, der Sprit, ohne den man auf einer spirituellen Reise nicht vorankommen, auf der Strecke bleiben oder bestenfalls um sich selbst kreisen würde. Allerdings wäre die Fülle an Inspiration, die Schottland zu bieten hat, für sich genommen kaum Grund genug, diesem Land den Vorzug zu geben, denn zweifellos ist es nicht das einzige Land, das durch seine Landschaft, sein Klima, seine Geschichte und Kultur zu inspirieren vermag.

Der Grund, warum die spirituelle Reise, zu der dieses Buch anregen soll, ausgerechnet nach Schottland führt, liegt darin, dass Schottland etwas zu bieten hat, was ganz unabhängig davon, ob man sich nun tatsächlich dort aufhält oder nicht, zu inspirieren vermag. Zudem handelt es sich dabei – und zwar nicht nur im übertragenen Sinn – um eine Art Treibstoff, um eine Art Sprit, nämlich um eine Spirituose, und zwar um schottischen Whisky. Schottischer Whisky ist weit mehr als nur ein landestypisches Produkt wie viele andere. Schottischer Whisky ist – und zwar auch dies nicht nur im übertragenen Sinn – Schottland in destillierter Form, ist die Essenz seiner Landschaft, seines Klimas, seiner Geschichte, seiner Kultur und nicht zuletzt auch seiner Spiritualität. Wer sich anschickt, die spirituelle Reise anzutreten, zu der dieses Buch anregen soll, ist darum mit einem Schluck schottischen Whiskys im Glas schon so gut wie auf dem Weg.

Allerdings ist man, obwohl es sich bei der Reise, zu der dieses Buch anregen soll, um eine vornehmlich spirituelle Reise handelt, gut beraten, sich nicht vorschnell und vor allem nicht unvorbereitet auf den Weg zu machen. Dies ist umso mehr der Fall, als eine Spirituose wie schottischer Whisky einen hohen Prozentsatz Alkohol enthält. Der Genuss alkoholhaltiger Getränke aber geht mit nicht unerheblichen Gefahren einher und sollte darum stets ebenso achtsam wie maßvoll erfolgen. Bevor man mit der Lektüre dieses Buchs beginnt, ist es darum ratsam, zunächst ein anderes zu lesen, das dessen Grundlage bildet und insbesondere im letzten Kapitel auch die erwähnten Gefahren zur Sprache bringt. Jenes Buch erschien 2016 ebenfalls im Verlag EOS – Editions Sankt Ottilien, liegt mittlerweile in zweiter, verbesserter Auflage vor und trägt den Titel: „Wasser des Lebens – Einführung in die Spiritualität des Whiskys“.

Die spirituelle Dimension des schottischen Whiskys ist in den Songs von Robin Laing beinahe allgegenwärtig.

So vorbereitet dürfte dem Beginn einer Whisky-Wallfahrt aber nichts mehr entgegenstehen – denn genau das ist es, wozu dieses Buch anregen möchte: eine Wallfahrt, eine Reise zu dem, was im Leben wichtig, wesentlich und wundervoll ist, eine Reise zu sich selbst, eine Reise zu Gott. Die Botschaft, die dieses Buch vermitteln möchte, kann man kaum besser in Worte fassen, als es der schottische Folkmusiker Robin Laing, der auch „The Whisky Bard“ genannt wird, in seinem Song „Whisky Cathedral“ getan hat: „Some people say that the whisky is sinful, and may lead you down into the abyss, but whisky can light up the road to salvation: A heavenly dram is a moment of bliss“ – auf Deutsch: „Manche Leute sagen, Whisky sei sündhaft und kann dich hinab in den Abgrund führen, aber Whisky kann auch den Weg zur Erlösung erhellen: Ein himmlischer Schluck ist ein Moment der Seligkeit“!

Wolfgang F. Rothe

In den Lowlands

DUNFERMLINE I

St Margaret's Shrine, Malcolm Canmore's Tower, St Margaret's Cave & St Margaret's Memorial Church

Der den Loch Leven überragende West Lomond bildet die höchste Erhebung der Lomond Hills, einer Hügelgruppe, die zu den markantesten Landformen in der Region Fife gehört.

Dunfermline, Fife

Obwohl im Herzen des Landes gelegen, lernen viele Schottland-Touristen die Region Fife, wenn überhaupt, dann nur auf der Durchreise kennen. Sie bildet gleichsam das Verbindungsstück zwischen den Lowlands und den Highlands, erstreckt sich in Form einer weiten Halbinsel in die Nordsee hinein und wird im Süden vom Firth of Forth und im Norden vom Firth of Tay begrenzt. Dabei hat diese Region weit mehr zu bieten, als von der Auto- oder Eisenbahn aus zu erkennen wäre – und zwar auch und ganz besonders für jene, die es an die Quellen zieht, aus denen das „Wasser des Lebens“ strömt. Denn in Fife schlug nicht nur jahrhundertelang das politische und religiöse Herz Schottlands, hier wurden auch einige der wichtigsten Kapitel in der Geschichte des schottischen Whiskys geschrieben.

Dabei ist die Region Fife für schottische Verhältnisse recht verkehrsgünstig gelegen und dementsprechend einfach zu erreichen: Von Edinburgh aus braucht man nur eine der imposanten Brücken über den Firth of Forth zu überqueren, und schon ist man dort, nach gerade einmal einer halben Stunde. Allerdings kann es vielen Touristen gar nicht schnell genug gehen, um nach der mehr oder weniger obligatorischen Besichtigung von Schottlands heutiger Hauptstadt hinauf in die Highlands zu gelangen. Wenn sie auf dem Weg dorthin die Region Fife durchqueren, lassen sie Schottlands einstige Hauptstadt in aller Regel – und zwar im wahrsten Sinn des Wortes – links, also westlich liegen: Dunfermline. Dabei gehört Dunfermline zu den historisch bedeutsamsten Orten nicht nur der Region Fife, sondern ganz Schottlands.

Doch auch dem Whisky-Enthusiasten hat Dunfermline eine Menge zu bieten. Dies beginnt bereits damit, dass die Stadt eine, wenn auch entfernte, Analogie zu einer Whisky-Destillerie aufweist: Verdankt sie doch ihre Entstehung und Bedeutung dem Wasser, näherhin einem Bach namens Lyne Burn, der sich auf seinem Weg in den Firth of Forth an dieser Stelle ein tiefes, gewundenes Tal gegraben hat, das Pittencrieff Glen. Auf der Höhe des heutigen Stadtzentrums bildet dieses Tal eine markante Schleife. Der Felsen, den der Lyne Burn an dieser Stelle von drei Seiten umfließt, bot, wie archäologische Funde belegt haben, schon in vorgeschichtlicher Zeit Menschen Zuflucht und Zuhause.

Ins Licht der Geschichte trat dieser Ort aber erst um die Mitte des 11. Jahrhunderts nach Christus,

Die 1889 fertiggestellte Eisenbahnbrücke über den Firth of Forth gehört seit 2015 zum UNESCO-Weltkulturerbe.

als sich der schottische König Malcolm III., auch Malcolm Canmore genannt, hier einen Palast errichten ließ. Tatsächlich handelte es sich um einen recht bescheidenen Palast: kaum mehr als ein befestigtes, turmähnliches Gebäude, ein so genanntes Tower House. In diesem Gebäude verbrachte niemand Geringerer als die heilige Königin Margaret, die – neben dem heiligen Apostel Andreas – zweite Patronin Schottlands, einen Großteil ihres ebenso bewegten wie bewegenden Lebens.

Margaret entstammte jener angelsächsischen Herrscherdynastie, die in der Frühzeit der englischen Monarchie den Thron über nahezu eineinhalb Jahrhunderte innegehabt hatte. Infolge politischer Wirren war ihre Familie jedoch nach Ungarn geflüchtet, wo sie um das Jahr 1047 geboren wurde. Als junges Mädchen nach England zurückgekehrt, erfuhr sie eine exzellente Erziehung und Ausbildung, bevor sie sich einige Zeit nach der Machtergreifung der Normannen unter Wilhelm dem Eroberer im Jahr 1066 erneut auf die Flucht begeben musste. Diesmal verschlug es sie, der Überlieferung nach infolge eines Sturms, in Richtung Norden, wo ihr Schiff schließlich an einem südlich von Dunfermline gelegenen Küstenabschnitt landete, der bis heute Margaret's Hope, also Margarets Hoffnung, genannt wird.

Tatsächlich wurden hier, im fremden, rauen Schottland, ihre kühnsten Hoffnungen sogar noch übertroffen. König Malcolm nahm die englische Prinzessin nämlich nicht nur freundlich auf, sondern verliebte sich sogar in sie. Und da sie diese Liebe erwiderte, heirateten die beiden. Neben ihren Aufgaben als Königin, Ehefrau und Mutter – sie brachte acht Kinder zur Welt – entfaltete Margaret fortan ein beispielloses soziales und kulturelles Engagement, wofür ihr seitens der schottischen Bevölkerung, nach Überwindung anfänglicher Skepsis, alsbald höchste Achtung, ja Verehrung entgegengebracht wurde. Getragen von einer lebensnahen Frömmigkeit nahm sich die Königin unter anderem der Armenfürsorge, der Krankenpflege und der Volksbildung an.

Zu ihrer Unterstützung holte sie Benediktinermönche ins Land, denen sie in der Nähe des Palastes von Dunfermline ein Kloster errichten ließ: das erste Benediktinerkloster auf schottischem Boden. Und genau diese Initiative ist es, durch die Margaret, ohne es zu ahnen, auch die Geschichte des schottischen Whiskys nachhaltig beeinflusst hat. Zwar gab es zu jener Zeit in Schottland bereits eine Vielzahl von Klöstern, doch waren diese in weit geringerem Maß untereinander vernetzt, als es bei den Benediktinern aufgrund ihrer festen, für alle Klöster verbindlichen Regel und Organisationsstruktur der Fall war. Die enge Vernetzung der bald überall im Land entstehenden Benediktinerklöster hatte unter anderem zur Folge, dass das Wissen und Können der Mönche

Im Osten der Region Fife liegt die Universitätsstadt St Andrews mit ihrer seit der Reformation zerstörten Kathedrale.

nicht nur klosterintern, von Mönchsgeneration zu Mönchsgeneration, weitergegeben, sondern auch zwischen den Klöstern ausgetauscht wurde.

Zu dem in den Klöstern ebenso eifrig praktizierten wie stetig weiterentwickelten Wissen und Können gehörte auch die Kunst der Destillation. Wenngleich diese Kunst schon Jahrhunderte vorher durch Wandermissionare über Irland nach Schottland gelangt war, hatten die Benediktiner ein weit größeres Interesse als andere Mönche daran, das „Wasser des Lebens" nicht nur in ausreichender Menge, sondern auch in möglichst guter Qualität herzustellen. In jedem Benediktinerkloster gab es nämlich eine eigene, nicht nur den Mönchen, sondern auch den Bewohnern der umliegenden Siedlungen offenstehende Apotheke samt Krankenstation, in der man die von den Alchemisten im Mönchsgewand produzierten Destillate zur Herstellung medizinischer Tinkturen aus Kräuter-, Frucht- und Wurzelextrakten sowie zur Schmerzstillung und Desinfektion benötigte.

Irgendwann im Verlauf des Mittelalters ist man dann darauf gekommen, dass das, was gut tat, auch gut schmeckte – anders ausgedrückt: dass das, was

Von der Grabkapelle der heiligen Margaret sind nur die Fundamente und der Unterbau des Reliquienschreins erhalten.

die Mönche mit gutem Grund als das „Wasser des Lebens" zu bezeichnen pflegten, nicht nur im Krankheitsfall Linderung oder gar Heilung verschaffen, sondern, ganz unabhängig davon, auch Genuss bereiten konnte. Voraussetzung dafür war allerdings eine so weit fortgeschrittene Entwicklung der Destillationskunst, dass das Destillat, ob mit oder ohne die zunächst allgemein üblichen Zusätze von Kräuter-, Frucht- oder Wurzelextrakten, tatsächlich genießbar war. Diese Voraussetzung – und damit die Grundvoraussetzung für die Entstehung der heutigen schottischen Whiskykultur – wurde im Wesentlichen hinter Klostermauern geschaffen, wobei die von Königin Margaret ins Land geholten Benediktiner eine herausragende Rolle gespielt haben.

Die Spuren, die die heilige Königin Margaret in der schottischen Whiskykultur hinterlassen hat, sind zugegebenermaßen vage, die Spuren, die sie in Dunfermline hinterlassen hat, aber umso konkreter. Diesen Spuren zu folgen beginnt man am besten an dem Ort, der über drei Jahrhunderte das Ziel zahlloser Pilger aus ganz Schottland und weit darüber hinaus war: St Margaret's Shrine, die Grabkapelle der heiligen Margaret – genauer gesagt: das, was davon noch übrig ist. Margaret starb am 16. November 1093 und wurde neben ihrem drei Tage zuvor auf dem Schlachtfeld ums Leben gekommenen Ehemann in der Kirche des von beiden gegründeten Klosters, der späteren Dunfermline Abbey *(siehe Dunfermline II)*, beigesetzt. Wo genau sich dieses Grab befand, ist nicht bekannt, zumal vom damaligen Kirchengebäude lediglich einige Fundamentreste erhalten geblieben sind.

Nachdem der jüngste Sohn von König Malcolm und Königin Margaret, David, den schottischen Königsthron bestiegen hatte, begann er nämlich damit, die Kirche des auf seine Initiative hin zur Abtei erhobenen Klosters von Grund auf neu erbauen zu lassen. Bis zur Fertigstellung des Gotteshauses verging rund ein Jahrhundert. Ihren Abschluss fand sie mit der Errichtung einer eigenen Grabkapelle für die im Jahr 1249 von Papst Innozenz IV. heiliggesprochene Königin. Sie befand sich östlich des Hochaltars und ermöglichte es fortan den Pilgern, bis unmittelbar zum Reliquienschrein zu gelangen, in den ihre Gebeine nach der Heiligsprechung umgebettet worden waren und der hier seine Aufstellung fand. In dieser Kapelle ruhten die Gebeine der heiligen Margaret bis zum Jahr 1560, bis die Reformation ihrer Verehrung zumindest an diesem Ort bis auf Weiteres ein Ende bereitete.

Die letzten Mönche der Abtei von Dunfermline erfuhren damals glücklicherweise im Vorhinein davon, dass ein vom schottischen Reformator John Knox aufgehetzter Mob unterwegs war, um ihr Kloster samt Kirche zu überfallen und auszuplündern *(siehe Edinburgh)*. Gerade noch rechtzeitig gelang es ihnen, die Reliquien der heiligen Margaret in Sicherheit zu bringen und heimlich ins Ausland zu schaffen. Über Umwege gelangten sie schließlich in die

Obhut von König Philipp II. von Spanien, der sie in seine neuerbaute Klosterresidenz El Escorial bei Madrid überführen ließ. Die Klostergebäude, ein Großteil der Abteikirche sowie die Grabkapelle der heiligen Margaret einschließlich ihres Reliquienschreins wurden jedoch unwiederbringlich zerstört, letztere bis auf die Grundmauern.

Diese Grundmauern jedoch stehen bis heute und umschließen einen massiven, zweistufigen Sockel aus dunkelgrauem, von Fossilien durchsetztem Kalkstein. Er bildete einst die Basis eines hohen, wahrscheinlich ebenfalls steinernen Aufbaus, der wiederum den Reliquienschrein der heiligen Margaret trug. Die erhaltenen Blöcke stammen aus den Steinbrüchen von Frosterley in der nordenglischen Grafschaft Durham und wurden im Jahr 1368, als der gesamte Unterbau des Reliquienschreins erneuert wurde, unter großem Aufwand nach Dunfermline gebracht. Ein weiterer Block aus demselben Material, der sich heute vor der äußeren Südwand der Abteikirche befindet und dort als Ruhebank dient, gehörte vermutlich ebenfalls einmal zu dieser Konstruktion.

Das, was von der Grabkapelle selbst erhalten ist, stammt noch aus ihrer Erbauungszeit um 1250. Man erkennt eine niedrige Steinbank mit vorgelagerten Säulenbasen. Die Säulen, die einst darauf standen, trugen die gotischen Rippen des Kapellengewölbes. Die kleineren, auf der Bank selbst befindlichen Säulenbasen stammen hingegen von dekorativen Arkaden, die den Wänden vorgeblendet waren. Welchem Zweck die runden, in die Steinbank eingearbeiteten Mulden dienten, lässt sich nicht mehr mit Gewissheit sagen. Am Wahrscheinlichsten ist, dass das zur rituellen Händewaschung des Priesters bei

Die vom 12. Jahrhundert an erbaute Abteikirche von Dunfermline geht auf eine Gründung der heiligen Margaret zurück.

DUNFERMLINE

der Messfeier benötigte Wasser nach Gebrauch hier hineingegossen wurde. Es spricht sicher nichts dagegen, darin heute eine Erinnerung an die Verbindung zwischen der heiligen Margaret und dem „Wasser des Lebens“ zu sehen.

Geht man nun an der Kirche entlang und weiter in westlicher Richtung, erreicht man den Eingang des Pittencrieff Park. Von hier aus sind es nurmehr wenige Schritte, bis man auf dem Gipfel eines kleinen, an drei Seiten vom Lyne Burn umflossenen Hügels auf einige unscheinbare Mauerreste trifft. Sie bildeten einst die Fundamente von Malcolm Canmore's Tower, jenem Wohnturm, in dem die heilige Margaret mit ihrer Familie nahezu ein Vierteljahrhundert zuhause war. Im Unterschied zu vielen anderen, meist später entstandenen Gebäuden dieser Art, wie man sie in Schottland bis heute vielerorts sehen kann, bestand Malcolm Canmore's Tower noch zum größten Teil aus Holz. Er war vermutlich mehrere Stockwerke hoch und dürfte der königlichen Familie, zumal er hauptsächlich Verteidigungszwecken diente, ein nur mäßig komfortables Zuhause geboten haben.

Die kurze Wegstrecke zwischen Turm und Kirche hat die heilige Margaret in jenen Jahren zweifellos so manches Mal zurückgelegt. Ob sie nun, wie sie es nach Möglichkeit täglich tat, zum Gottesdienst in die Klosterkirche ging, oder sich um hilfsbedürftige Menschen in der Stadt kümmerte, immer kam sie hier entlang. Aufgrund des begrenzten Platzes sowohl innerhalb des Turms als auch in dessen Umgebung sowie der zahlreichen Menschen, die hier tagtäglich zu tun hatten, dürfte es in diesem Bereich aber keineswegs so ruhig und idyllisch zugegangen sein, wie es heute der Fall ist. In der Klosterkirche und um sie herum war es sicher nicht viel anders. Um ihrem Bedürfnis nach Stille nachkommen zu können, aus der sie die Kraft für ihre vielfältigen

Die Überreste von Malcolm Canmore's Tower lassen noch etwas von seiner einstigen Wehrhaftigkeit erahnen.

Pflichten und Aufgaben bezog, musste die heilige Margaret einen anderen, einsamer gelegenen Ort aufsuchen.

Einen solchen Ort gab es – und es gibt ihn bis heute, wenngleich er für die wohl schlimmste Bausünde steht, die in Dunfermline seit der Reformationszeit, seit der weitgehenden Zerstörung von Abtei und Abteikirche, begangen wurde. Etwa dreihundert Meter nördlich von Turm und Klosterkirche befand sich einst tief unten im Tal des Lyne Burn eine Höhle, in die sich die heilige Margaret, wann immer es ihre Zeit erlaubte, zurückzuziehen pflegte, um dort ungestört beten und meditieren zu können. Die Höhle, St Margaret's Cave, gibt es immer noch, das Tal jedoch nicht mehr, zumindest nicht an dieser Stelle: 1962 traf der Stadtrat von Dunfermline die unselige Entscheidung, den Lyne Burn ebendort in eine Betonröhre zu zwängen und das Tal aufschütten zu lassen, um darauf einen Parkplatz einzurichten.

Die massiven Proteste aus der Bevölkerung, die an diesem Bauprojekt sowohl die Zerstörung der Landschaft als auch die Verunstaltung einer Sehenswürdigkeit von sowohl historischer als auch spiritueller Bedeutung kritisierten, blieben zumindest nicht

Um zu St Margaret's Cave zu gelangen, muss man heute über einen Treppentunnel siebzehn Meter in die Tiefe steigen.

gänzlich ohne Erfolg: St Marget's Cave blieb erhalten, wurde aber unter einer 17 Meter dicken Decke aus Schutt und Asphalt begraben und ist heute nurmehr über einen Treppentunnel erreichbar, der eher zu einer U-Bahn-Station als zu einem Andachtsort zu führen scheint. Kaum angemessener präsentiert sich das unscheinbare Gebäude, das einige Jahre später zum Schutz vor Vandalismus über dem Tunneleingang errichtet wurde: hat es dort, am Rand des Parkplatzes, doch schon so manchen Ortsunkundigen auf den ersten Blick vermuten lassen, es handle sich um ein Kassenhäuschen oder eine öffentliche Toilettenanlage.

Wenn man den Eingang zu St Margaret's Cave nichtsdestotrotz gefunden und den vielstufigen Abstieg bewältigt hat, muss man erneut ein hohes Maß an Phantasie und gutem Willen aufwenden, um noch etwas von der einstigen spirituellen Ausstrahlung dieses Ortes zu erahnen: Schautafeln versuchen zu informieren, vermitteln aber zugleich eine eher museale als sakrale Atmosphäre, aus Lautsprechern erschallen, wenn man Pech hat, verzerrte Gregorianische Choräle, und steht man endlich in der eigentlichen Höhle bzw. dem, was davon übrig ist, sieht man sich mit einer geradezu abstoßend kitschigen Figur der heiligen Margaret konfrontiert, die ein reichlich entstelltes Bild dieser so besonnenen, tatkräftigen und lebenstüchtigen Frau vermittelt.

Ungeachtet all dieser Ärgernisse und Enttäuschungen gibt es in St Margaret's Cave aber auch etwas, was den Besuch lohnt: Eine im hinteren Bereich der Höhle entspringende Quelle ruft nämlich einmal mehr die anscheinend doch nicht ganz so vage Verbindung zwischen der schottischen Landespatronin und dem „Wasser des Lebens" in Erinnerung – ganz ähnlich wie die kleinen Becken an ihrer einstigen Grabstätte und ihr vom Lyne Burn umflossener Familiensitz. Zunächst einmal erinnern diese bemerkenswerten Parallelen natürlich an das „Wasser des Lebens" im biblischen Sinn (Offb 21,6), das heißt an die Zuwendung Gottes zum Menschen, an seine Liebe, seine Gnade, sein Heil – all das, was der heiligen Margaret in ihrem nicht immer leichten Leben Halt, Hilfe und Orientierung geboten und sie darüber hinaus motiviert hat, anderen Menschen ihrerseits Halt, Hilfe und Orientierung zu bieten.

Man kann darin aber durchaus auch einen Hinweis auf das „Wasser des Lebens" sehen, das in den iro-schottischen Klöstern einst aus denselben Beweggründen heraus kultiviert wurde, die die heilige Margaret inspiriert und motiviert haben: um leidenden Menschen das Leben zu erleichtern oder gar zu retten, und anderen, die Genuss daran fanden und finden, das Leben zu bereichern. Die heutige Whiskykultur steht in einer langen Tradition, zu der die heilige Margaret und die von ihr nach Schottland gerufenen Benediktinermönche einen wenn auch unbewussten, so doch entscheidenden Beitrag geleistet haben. In Dunfermline kann man nach wie vor spüren, dass „Spirit" und „Spirituality" in der heiligen Margaret und ihren klösterlichen Mitarbeitern so etwas wie gemeinsame Vorfahren haben.

Die Architektur von St Margaret's Memorial Church orientiert sich an den stilistischen Formen der Abteikirche.

Wer in Dunfermline auf den Spuren der schottischen Landespatronin unterwegs ist, sollte es nicht versäumen, noch eine weitere Gedenkstätte aufzusuchen, an der man ihr sogar noch näher kommen kann als an den Überresten ihrer einstigen Grabstätte, ihres Wohnsitzes und ihres geistlichen Zufluchtsorts: die katholische St Margaret's Memorial Church. Man erreicht sie, indem man der High Street, die ganz in der Nähe des Parkplatzes beginnt, unter dem St Margaret's Cave begraben liegt, in östlicher Richtung folgt. Nach einer Wegstrecke von etwa einem halben Kilometer, auf der man unter anderem das für Whisky-Enthusiasten ebenfalls interessante Mercat Cross *(siehe Dunfermline II)* passiert, erreicht man das turmlose, im viktorianischen Stil erbaute Gotteshaus.

Dessen Grundsteinlegung erfolgte 1894, die Eröffnung zwei Jahre später. In bewusster Anlehnung an die ehemalige Grabeskirche der heiligen Margaret wurden beim Bau des Langhauses architektonische Formen aufgegriffen, wie sie im 12. Jahrhundert üblich waren. Der schlichter gehaltene Altarraum wurde hingegen erst 1936 hinzugefügt. Er wird dominiert von einem stilistisch eigenwilligen, von Hew Lorimer entworfenen Hochaltar mit den Figuren von vier in Schottland besonders verehrten Heiligen: vom Betrachter aus links der heilige Kolumban von Iona (*siehe Iona*), rechts davon der heilige Apostel Andreas, sodann die heilige Margaret und schließlich der heilige Mungo, der erste Bischof von Glasgow. Das farbenprächtige, von John Blythe entworfene Rundfenster über der rückwärtigen Empore stammt von 1993 und zeigt die heilige Margaret als Patronin Schottlands.

Der kostbarste Schatz der Kirche findet sich jedoch etwas versteckt in der rechts des Altarraums angebauten Marienkapelle: eine neugotische Monstranz mit einer Reliquie der heiligen Margaret! Mit Genehmigung der spanischen Königin Isabella II. wurde diese Reliquie im Jahr 1862 den im Escorial bei Madrid aufbewahrten Gebeinen der Heiligen entnommen und nach Schottland überführt. Sie fand ihren Platz zunächst in der Kapelle des Ursulinenklosters in Edinburgh. Nachdem die Schwestern ihr Kloster hatten aufgeben müssen, wurde die Reliquie – konkret handelt es sich um ein Knochenstück aus der Schulter der heiligen Margaret – im Jahr 2008 in die Obhut der katholischen Pfarrei von Dunfermline übergeben. So kam sie, nach über viereinhalb Jahrhunderten, an ihren Ursprungsort und damit gewissermaßen nach Hause zurück.

Ihren Platz fand sie in einer in den Sockel des Altars eingelassenen und mit blauer Seide ausgeschlagenen Nische. Passenderweise befindet sie sich damit genau unterhalb eines an der Stirnwand der Kapelle angebrachten Reliefs, das 1986 von Stephen Foster geschaffen wurde. Es zeigt im Zentrum die Gottesmutter Maria mit dem Jesuskind, zu ihrer (vom Betrachter aus gesehen) Rechten die Fassade der Abteikirche von Dunfermline und zu ihrer Linken die heilige Margaret, wie sie gerade einer kranken Frau die Füße wäscht. Damit findet sich auch an diesem Ort ein Motiv, das die Verbindung zwischen der heiligen Margaret und dem „Wasser des Lebens“ (in dessen doppelter Bedeutung) in Erinnerung ruft. Reliquien dienen dazu, sich sowohl der Konkretheit und Einzigartigkeit als auch der Vorläufigkeit und Vergänglichkeit des irdischen Lebens bewusst zu werden. Im Blick auf eine in den Augen Gottes wie der Menschen vorbildliche Person (wie zum Beispiel die heilige Margaret von Schottland) sollen Reliquien des Weiteren dazu anregen, dem Vorbild dieser Person nachzueifern – und zwar im Bewusstsein, dass ein solches gottgefälliges und menschenfreundliches Leben tatsächlich möglich, lohnend und sinnvoll ist. Diesem Zweck kann schlichtweg alles dienen, was die betreffende Person in ihrem Leben hinterlassen hat: ein Überrest ihres Leibes oder ihrer Kleidung ebenso wie die Überreste jener Orte und Gebäude, wo sie einst gelebt hat.

Insofern kann man, wenn man in Dunfermline auf den Spuren der heiligen Margaret unterwegs ist, zugleich auf das zurückblicken, was man in seinem bisherigen Leben schon so alles zurückgelassen und was das Leben in einem selbst zurückgelassen hat: Erblickt man dabei nur Überreste, Bruchstücke, tote, ausgetrocknete Gebeine wie in der Vision des alttestamentlichen Propheten Ezechiel (Ez 37,1-2), oder gibt es da auch Lebendiges, und zwar unvergänglich Lebendiges wie im Leben der heiligen Margaret? Welchen Eindruck man auch immer haben mag – letztlich kommt es darauf gar nicht an, denn nicht der Mensch, weder man selbst noch irgendein anderer, hat das letzte Wort, sondern Gott. Und Gott kann auch aus Überresten und Bruchstücken, aus toten, ausgetrockneten Gebeinen Lebendiges schaffen, kann allem, wie in der Vision Ezechiels (Ez 37, 3-10), neues und unvergängliches Leben einflößen.

Im letzten Buch des Neuen Testaments, der Offenbarung des Johannes, wird dieses uralte Bild noch

Das Langhaus der Abteikirche von Dunfermline ist das bedeutendste Beispiel normannischer Architektur in Schottland.

einmal aufgegriffen, wenn dort von einer „Quelle“ die Rede ist, „aus der das Wasser des Lebens strömt“ (Offb 21,6). Mit diesem „Wasser des Lebens“ ist nichts anderes als die heilsame, im wahrsten Sinn des Wortes belebende Kraft der Liebe Gottes gemeint. Die heilige Margaret hat aus dieser Quelle geschöpft: Kraft, Lebenskraft, Liebeskraft – aber nicht nur für sich selbst, sondern auch für andere. Dasselbe gilt für die Benediktinermönche, die sie nach Schottland gerufen hat. Um ihren Spuren zu folgen, muss man nicht unbedingt nach Dunfermline reisen. Mit einem Schluck von jenem „Wasser des Lebens“ im Glas, zu dessen Kultivierung die heilige Margaret ebenso wie ihre Mitarbeiter im Mönchsgewand einen wenn auch unbewussten, so doch entscheidenden Beitrag geleistet haben, geht das fast genauso gut. ❙

DUNFERMLINE II

Dunfermline Palace, Dunfermline Abbey & Mercat Cross

In den zumindest teilweise erhaltenen Kellerräumen unter dem königlichen Palast von Dunfermline dürfte einst auch Bruder John Cor ein- und ausgegangen sein.

Dunfermline, Fife

An einem nicht näher bekannten Tag des Jahres 1494 machte sich Bruder John Cor auf den Weg zum Getreidemarkt der damaligen königlichen Residenzstadt Dunfermline. Dort tätigte er einen geschichtsträchtigen Einkauf, indem er, wie in den Akten der königlich-schottischen Steuerbehörde, den so genannten Exchequer Rolls, gewissenhaft festgehalten wurde, eine größere Menge gemälzten Getreides erwarb. Das Geschichtsträchtige an diesem Einkauf war aber nicht die Menge des Malzes, das Bruder

John erwarb, sondern der Zweck, für den es bestimmt war: „ad faciendam aquavite", wie es in dem betreffenden, in lateinischer Sprache verfassten Eintrag wörtlich heißt, um „Wasser des Lebens" daraus herzustellen. Ohne es geahnt, geschweige denn beabsichtigt zu haben, hatte Bruder John an jenem Tag für die nach heutigem Wissensstand älteste urkundliche Erwähnung schottischen Whiskys gesorgt!

Obwohl sein Name aufgrund dieser nüchternen Aktennotiz bis heute in nahezu jeder Abhandlung über die Geschichte des schottischen Whiskys erwähnt wird, ist über das Leben von Bruder John wenig bekannt. Weder weiß man, wann und wo er geboren wurde noch wann er starb und wo sich sein Grab befindet. Sicher ist lediglich sein Beruf – genauer formuliert: seine Berufung. Ausdrücklich wird er in den Exchequer Rolls „Frater", also „Bruder" genannt. Die dem Namen vorangestellte Bezeichnung „Bruder" steht aber nicht für eine verwandtschaftliche Beziehung zu wem auch immer, sondern für die Zugehörigkeit zu einem kirchlichen Orden. Sehr wahrscheinlich war Bruder John Benediktinermönch, wobei einiges dafürspricht, dass er nicht der Abtei von Dunfermline angehörte, sondern der bei Newburgh im Norden der Region Fife gelegenen Abtei Lindores *(siehe Lindores)*.

Es ist also wahrlich nicht viel, was über das Leben von Bruder John bekannt ist. Doch das Wenige, das man über ihn weiß, wird mit einem Mal überraschend konkret und lebendig, wenn man sich auf den Weg macht, um den Spuren nachzugehen, die er an jenem geschichtsträchtigen Tag des Jahres 1494 in Dunfermline hinterlassen hat. Die Orte, an denen sich das ereignete, was in den Exchequer Rolls über ihn verzeichnet ist und wofür er nicht nur unter Whisky-Enthusiasten Bekanntheit genießt, lassen sich nämlich nach wie vor recht präzise lokalisieren. Man beginnt am besten dort, wo der Auftrag erteilt wurde, den Bruder John an jenem Tag ausgeführt hat: im königlichen Palast von Dunfermline, in Dunfermline Palace.

Wenn sie sich in Dunfermline aufhielten, residierten die schottischen Monarchen zu jener Zeit allerdings schon längst nicht mehr in Malcolm Canmore's Tower *(siehe Dunfermline I)*, jenem ebenso wehrhaften wie unbehaglichen Turm, den sich König Malcolm III. um die Mitte des 11. Jahrhunderts hatte errichten lassen. Im Verlauf des Mittelalters hatten sie sich nämlich immer öfter und schließlich dauerhaft im weitaus größeren und komfortableren Gästehaus der benachbarten Abtei einquartiert. Nachdem die Abtei im Zuge der Reformation aufgelöst und zerstört worden war, hatten sie das Gebäude kurzerhand für sich beansprucht und weiter ausbauen lassen. Es dauerte allerdings nicht lange, bis auch der nunmehrige Palast verlassen und dem Verfall preisgegeben wurde, da die schottische Monarchie mit der englischen vereint wurde und die königliche Familie fortan in London residierte.

Was man heute noch vom einstigen königlichen Palast von Dunfermline sehen kann, stammt größtenteils von den in der zweiten Hälfte des 16. Jahrhunderts durchgeführten Umbau- und Erweiterungsmaßnahmen. Es handelt sich dabei um den westlichen Teil des Ruinenkomplexes. Von dem auf rechteckigem Grundriss errichteten Gebäude haben sich sowohl die Grundmauern, die möglicherweise älter sind und bereits auf das 14. Jahrhundert zurückgehen könnten, sowie die von großen Fenstern durchbrochene Südwand erhalten. So kann man bis heute recht gut erkennen, wie das Gebäude einmal ausgesehen haben dürfte: Über dem in mehrere kleinere Räume unterteilten Kellergeschoss erstreckte sich eine große, repräsentative Halle, auf der ein weiteres Stockwerk Platz für die eher privaten Räumlichkeiten der Königsfamilie bot.

Hier irgendwo dürfte es gewesen sein, wo König James IV. jenen Auftrag erteilte, auf den die nach heutigem Wissensstand älteste erhaltene urkundliche Erwähnung schottischen Whiskys zurückgeht. Wörtlich heißt es in dem betreffenden Eintrag in den Exchequer Rolls, dass Bruder John „de mandato domini regis" handelte, das heißt übersetzt: „im Auftrag des königlichen Herrn". Leider geht aus dem Dokument nicht hervor, welche Verwendung der hochgebildete und vielseitig interessierte König für das „Wasser des Lebens" vorgesehen hatte, das aus dem von Bruder John zu besorgenden Malz hergestellt werden sollte. So könnte es etwa für die Zube-

Allen Zerstörungen zum Trotz zeugen die Ruinen der Abteigebäude noch heute von ihrer einstigen Größe und Pracht.

reitung medizinischer Tinkturen oder die Durchführung wissenschaftlicher Experimente bestimmt gewesen sein. Zumindest nicht vollständig auszuschließen, wenn auch eher unwahrscheinlich ist es, dass der König die Vorliebe heutiger Whisky-Enthusiasten teilte und nichts anderes damit vorhatte als es sich schmecken zu lassen.

Ebenso wenig geht aus dem betreffenden Eintrag hervor, ob der König Bruder John den Auftrag mündlich und persönlich oder schriftlich und durch einen Boten erteilte. Wie dem auch gewesen sein mag – der Weg war nicht weit. Denn es spricht einiges dafür, dass sich Bruder John zum fraglichen Zeitpunkt ohnehin in Dunfermline aufhielt – und zwar unabhängig davon, ob er nun der Abtei von Lindores angehörte oder jener von Dunfermline. Verschiedenen Hinweisen in zeitgenössischen Dokumenten zufolge dürfte er nämlich zumindest zeitweilig eine feste Stellung am königlichen Hof innegehabt haben. Wenn dem so gewesen sein sollte, liegt wiederum die Vermutung nahe, dass er sie seinen alchemistischen Kenntnissen verdankte – anders ausgedrückt: weil er die in den iro-schottischen Klöstern über Jahrhunderte hinweg überlieferte, praktizierte und beständig fortentwickelte Kunst der Destillation beherrschte.

Doch ungeachtet seines Wissens und Könnens war Bruder John in erster Linie Mönch. Wann immer er sich in Dunfermline aufhielt, wird er darum wohl zumindest einen Teil seines Alltags nicht im Palast, sondern in der unmittelbar benachbarten Abtei, Dunfermline Abbey, verbracht haben. Ebenso wie die Ruinen des Palastes bieten auch diejenigen der Abtei noch eine recht genaue Vorstellung davon, wie die einzelnen, zum überwiegenden Teil im 14. Jahrhundert entstandenen Gebäude einst aussahen und genutzt wurden. Weitgehend erhalten sind unter anderem das wuchtige Torhaus, der südlich davon gelegene Küchentrakt sowie der geräumige Speisesaal, das so genannte Refektorium. Vollständig verschwunden sind hingegen der zwischen Refektorium und Abteikirche gelegene Kreuzgang sowie die beiden Quertrakte einschließlich des Dormitoriums, in dem vermutlich auch Bruder John Cor seinen Schlafplatz hatte.

Das am besten erhaltene Gebäude der Abtei ist die Abteikirche selbst – um einmal mehr genau zu sein: ihr westlicher Teil, das ehemalige Langhaus. Während der Altarraum mit dem Chorgestühl der Mönche sowie die östlich davon gelegene Grabkapelle der heiligen Königin Margaret, St Margaret's Shrine *(siehe Dunfermline I)*, infolge der Reformation entweder zerstört oder dem Verfall preisgegeben wurden, blieb der westliche Teil unangetastet, um weiterhin als Gemeindekirche genutzt werden zu können. Seit im 19. Jahrhundert der einstige Altarraum im neugotischen Stil wiederaufgebaut wurde, dient hingegen letzterer als Gemeindekirche. Das mittelalterliche Langhaus bildet seither eine Art Vorhalle und wird nurmehr im Ausnahmefall zu gottesdienstlichen Zwecken genutzt.

Es stammt aus der Zeit um 1130, als die Kirche des von König Malcolm III. und der heiligen Königin Margaret gegründeten und auf Betreiben von König David I., dem jüngsten Sohn der beiden, zur Abtei erhobenen Benediktinerklosters von Grund auf neu errichtet wurde. Wenngleich es die Größe und Pracht der mittelalterlichen Abteikirche nur noch ansatzweise zu erkennen gibt, handelt es sich um das bedeutendste im Stil der normannischen Romanik errichtete Bauwerk in ganz Schottland. Über mehr als vier Jahrhunderte hinweg war dieser Raum jeden Tag bis zu sieben Mal von den Gregorianischen Gesängen der zum Chorgebet versammelten Mönche erfüllt, unter denen sich zumindest zeitweilig auch Bruder John Cor befunden haben dürfte.

Wo Bruder John hingegen seine Destillerie betrieb, entzieht sich selbst der Vermutung. Sie kann sich ebenso in der Abtei von Dunfermline befunden haben wie in jener von Lindores, je nachdem, wo er nun zuhause beziehungsweise beschäftigt war. In jedem Fall dürfte sie sich aufgrund der Brandgefahr eher am Rande des jeweiligen Klosterkomplexes oder sogar in einiger Entfernung davon befunden haben. Unter einer mittelalterlichen Destillerie darf man sich ohnehin keine feste, technisierte oder gar automatisierte Einrichtung im Sinn heutiger Destillerien vorstellen, sondern eher eine Werkstatt, in der die erforderlichen Gerätschaften aufbewahrt und je nach Bedarf hervorgeholt, aufgebaut und genutzt wurden. Auch die benötigten Rohstoffe, näherhin das gemälzte Getreide, wird man sicher nicht weit

Aufgrund seiner legendären Freiheitsliebe wurde das Einhorn im Mittelalter zum schottischen Wappentier erkoren.

davon gelagert haben, wo man es gegebenenfalls brauchte.

Was sich demgegenüber recht präzise lokalisieren lässt ist der Ort, an dem Bruder John an jenem für die Geschichte des schottischen Whiskys so bedeutsamen Tag des Jahres 1494 „viij bolle brasii“ einkaufte, wie es in den Exchequer Rolls wörtlich heißt, „acht Bolls Malz“. Boll war eine in Schottland früher gebräuchliche Maßeinheit für Getreide; ein Boll entsprach etwa 62 Kilogramm, so dass die Menge des von Bruder John eingekauften Getreides an die 500 Kilogramm betrug. Eine solche Menge bekam man schwerlich bei irgendeinem ortsansässigen Zwischenhändler, sondern eher auf zentralen Marktplätzen, wo Bauern und Handwerker die von ihnen produzierten Waren regelmäßig selbst feilboten. Bruder John dürfte sich an jenem Tag also zum Markt von Dunfermline begeben haben.

Wo sich in früherer Zeit der Markt von Dunfermline befand, ist bis heute unschwer auszumachen: Wie in Schottland vielerorts üblich, wird dieser Platz auch hier durch ein so genanntes Mercat Cross, ein Marktkreuz, bezeichnet, wobei jenes von Dunfermline nicht die Form eines Kreuzes hat, sondern aus einem achteckigen, gestuften Unterbau besteht, auf dem sich eine Säule erhebt, die wiederum von einem Einhorn, dem schottischen Wappentier, bekrönt wird. Es befindet sich inmitten des alten Stadtzentrums, an der Kreuzung von High Street und Gildhall Street. Im Lauf der Zeit mehrfach erneuert und verändert, bezeichnet es nach wie vor den Platz, auf dem seit der Zeit des hohen Mittelalters das Markrecht ausgeübt werden durfte.

Irgendwo um diesen Platz herum dürfte es also gewesen sein, wo Bruder John in königlichem Auftrag jenes Malz einkaufte, aus dem, wie es in dem in spätmittelalterlichem Behördenlatein verfassten Eintrag in den Exchequer Rolls heißt, „aquavite" – korrekt müsste es heißten: „aqua vitae" – hergestellt werden sollte: „Wasser des Lebens". Dieser Begriff stammt ursprünglich aus der Bibel, wo er insbesondere im letzten Buch des Neuen Testaments, der Offenbarung des Johannes, Verwendung gefunden hat. Hier dient er zur Bezeichnung der belebenden Kraft der Liebe Gottes. Da die Lebens- und Liebeskraft Gottes den Menschen ebenso vorbehaltlos und unerschöpflich zur Verfügung steht wie Wasser, das aus einer Quelle hervorsprudelt, findet sich in den letzten Zeilen der Bibel eine wahrlich verlockende Verheißung: „Wer durstig ist, der komme. Wer will, empfange umsonst das Wasser des Lebens" (Offb 22,17).

Menschen wie Bruder John Cor, die ihr Leben ganz in den Dienst Gottes gestellt haben, sahen in einer solchen Verheißung von jeher auch eine Verpflichtung: die Verpflichtung, dieses „Wasser des Le-

Dieses Portal verband einst den Kreuzgang des Klosters mit der Abteikirche und war darum den Mönchen vorbehalten.

bens", von dem sie sich selbst durchströmt, erfrischt und gestärkt fühlten, auch an andere Menschen auszuschenken. Dabei hatten sie ebenso die unsterbliche Seele wie den sterblichen, krankheitsanfälligen, unfallgefährdeten und dem Alterungsprozess unterworfenen Leib im Blick. Genau dies war der Grund, warum die Kunst der Destillation in den iro-schottischen Klöstern über Jahrhunderte hinweg kultiviert wurde. Denn mit den auf der Basis alkoholischer Destillate hergestellten medizinischen Tinkturen aus Kräutern, Früchten oder Wurzeln konnte das Leben so manches kranken Menschen erleichtert oder gar gerettet werden.

Nachdem die Alchemisten im Mönchsgewand die Herstellung solcher Destillate und Tinkturen immer weiter perfektioniert hatten, konnte es nicht ausbleiben, dass manche ihrer Patienten auch unabhängig von medizinischer Erfordernis und ärztlicher Verordnung Geschmack daran fanden. Das aber hat die Mönche offenbar nicht gestört – im Gegenteil: Schließlich liegt es in der Natur des Menschen, nicht bloß nach Lebenserhaltung, sondern auch nach Lebensfreude zu streben. Wenn es aber wahr ist, dass die menschliche Natur von Gott geschaffen ist, dann kann der Genuss von etwas, das (wie beispielsweise ein Schluck schottischen Whiskys) der Lebensfreude zuträglich ist, in den Augen Gottes nicht verwerflich oder gar verboten sein – ganz im Sinn des alttestamentlichen Buchs Kohelet, wo es beruhigend heißt: „Iss freudig dein Brot und trink vergnügt deinen Wein“ (Koh 9,7).

Insofern ist es letztlich gar nicht von Bedeutung, ob das Destillat, das aus dem von Bruder John an jenem für die Geschichte des schottischen Whiskys so bedeutenden Tag des Jahres 1494 eingekauften Malz gebrannt wurde, nun der Gesundheit, der Forschung oder dem Genuss zugute gekommen ist. Wenn es König James IV. herstellen ließ, um medizinische Tinkturen daraus zubereiten zu lassen, wäre das gewiss löblich. Nicht weniger löblich wäre es, wenn das Destillat für wissenschaftliche Experimente bestimmt gewesen wäre, für die der König zeitlebens großes Interesse hegte. Wäre es jedoch einzig und allein dazu bestimmt gewesen, ihm selbst und vielleicht auch seinen Gästen Genuss zu bereiten, gäbe es auch daran nichts zu beanstanden.

Bis es dazu kommen konnte – wenn es denn dazu kam – musste Bruder John den königlichen Auftrag aber erst einmal zu Ende führen. Wenngleich dies aus dem betreffenden Eintrag in den Exchequer Rolls nicht ausdrücklich hervorgeht, wird vermutlich er selbst es gewesen sein, der das darin erwähnte Malz nicht nur eingekauft, sondern auch gemahlen, eingemaischt, dem Gärprozess überlassen und schließlich destilliert hat. Und wenn nicht er es war, dann war es eben ein anderer dazu befähigter und beauftragter Mönch. Wie dem auch gewesen sein mag – zu guter Letzt musste das so gewonnene „Wasser des Lebens" jedenfalls noch dorthin gebracht werden, wo es dem königlichen Auftraggeber im Bedarfsfall zur Verfügung stand. Dies dürfte wiederum Dunfermline Palace gewesen sein.

Genau hier schließt sich nun der Kreis, der mit dem in den Exchequer Rolls überlieferten und von Bruder John Cor ausgeführten Auftrag König James' IV. begonnen hatte. Mehrere recht gut erhaltene Treppen in den Ruinen des einstigen Palastes und vormaligen Gästehauses der Abtei führen nach wie vor hinunter in die ehemaligen Kellerräume, die der Lagerung von Lebensmitteln und anderen Dingen des täglichen Bedarfs gedient haben dürften. Über eine dieser Treppen könnte das in Fässer oder – wahrscheinlicher – in Tonkrüge abgefüllte Destillat hinuntergetragen worden sein, um hier irgendwo in den heute größtenteils zerstörten Räumen gelagert zu werden. Immerhin einer dieser Räume – er befindet sich genau unterhalb des ehemaligen Küchentrakts, von dem aus sowohl die Abtei als auch der Palast versorgt werden konnten, stammt wohl noch aus dem 14. Jahrhundert – ist aber nahezu vollständig erhalten geblieben.

War es hier, wo jenes „Wasser des Lebens", auf das die nach derzeitigem Wissensstand älteste erhaltene urkundliche Erwähnung schottischen Whiskys zurückgeht, seiner Bestimmung harrte? Man kann es nur vermuten – wie so vieles in diesem Zusammenhang nur vermutet werden kann. Fest steht hin-

Bis zu sieben Mal täglich kamen die Mönche von Dunfermline einst zum Chorgebet in ihrer Abteikirche zusammen.

gegen, dass es Mönche waren, die die Kunst der Destillation zuerst nach Irland und später nach Schottland gebracht haben. Fest steht auch, dass diese Kunst in den iro-schottischen Klöstern über Jahrhunderte hinweg kultiviert wurde. Und somit steht schließlich fest, dass die Grundlagen der schottischen Whiskykultur von Mönchen geschaffen wurden, von Männern Gottes und der Kirche, von Männern wie Bruder John Cor. Ihr Geist, ihr im Glauben begründetes Wissen, Können und Tun, lebt fort – nicht zuletzt dann, wenn, wann und wo auch immer, etwas vom „Wasser des Lebens“ ausgeschenkt und genossen wird. ▌

EDINBURGH

John Knox's Grave Site, St Giles' Cathedral & John Knox House

Obwohl die Hauptkirche von Edinburgh nur vorübergehend, von 1635 bis 1638 und von 1661 bis 1689, als Bischofskirche diente, wird sie bis heute als Kathedrale bezeichnet.

Edinburgh, City of Edinburgh

Wenn der schottische Reformator John Knox wüsste, dass er, freilich ohne es geahnt, geschweige denn gewollt zu haben, einen ganz entscheidenden Beitrag zur Entstehung der schottischen Whiskykultur geleistet hat, wäre er vermutlich wenig erfreut. Womöglich würde er gereizt und zornig reagieren, wenn nicht sogar, was er wie kein Zweiter beherrschte, in ebenso wortreiche wie wortgewaltige Tiraden verfallen, um sowohl jene die Sinne schändlich betörende Gaumenfreude namens Whisky als auch alles übrige, was, auf welche Weise auch immer, die Begierde

Eine heute etwas ins Abseits gerückte Statue zeigt den schottischen Reformator, wie er auf die Bibel pocht.

des Menschen wecken und ihm Lust bereiten könnte, als Teufelswerk und Gottesfrevel zu verdammen. Nicht ohne Grund nannten ihn schon seine Zeitgenossen – wenn auch nur hinter vorgehaltener Hand, um ihm bloß keinen Anlass für weitere, wüste, nicht enden wollende Predigten zu bieten – „Kill Joy“, den „Freudentöter“.

Zweifellos hat John Knox tiefe Spuren nicht nur in der schottischen Geschichte, sondern auch im schottischen Lebensgefühl hinterlassen. Wer nach diesen Spuren sucht, beginnt am besten dort, wo selbst er einst zum Schweigen genötigt wurde: an seinem Grab. John Knox's Grave Site befindet sich hinter Edinburghs Hauptkirche, der St Giles' Cathedral, wo er einst Sonntag für Sonntag auf die Kanzel stieg, um seinen ergeben lauschenden Zuhörern Gottesfurcht und Sittenstrenge einzubläuen. Das Grab liegt heute, nicht gerade ehrenvoll, inmitten eines Parkplatzes – genauer ausgedrückt: es liegt unter einer der dortigen Stellflächen, jener mit der Nummer 23, und ist nur durch eine unscheinbare Steintafel als solches kenntlich. Fast scheint es, als hätte man, indem man seine Gebeine zusätzlich noch mit einer dicken Asphaltschicht bedeckte, sicherstellen wollen, dass er tatsächlich und für immer verstummt ist.

John Knox' Verdienst ist es – wohlgemerkt: ungeahnt und ungewollt –, die Voraussetzungen dafür geschaffen zu haben, dass Whisky vom Heil- zum Genussmittel wurde. Tatsächlich hat sich aus vorreformatorischer Zeit kein einziges Zeugnis dafür erhalten, dass Whisky dem Genuss diente, geschweige denn zu diesem Zweck hergestellt wurde. Ursprünglich und über lange Zeit hinweg war das Destillat aus vergorener Getreidemaische ausschließlich zur Herstellung medizinischer Tinkturen verwendet worden. Selbst die nach derzeitigem Wissensstand älteste erhaltene urkundliche Erwähnung schottischen Whiskys – eine im Jahr 1494 und damit nur wenige Jahre vor der Reformationszeit entstandene Notiz in den Unterlagen der königlich-schottischen Steuerbehörde – bietet keinerlei Hinweis darauf, dass das darin erwähnte „aquavite" für einen anderen Zweck als eben diesen bestimmt gewesen wäre *(siehe Dunfermline II)*.

Wie kam es nun dazu, dass ausgerechnet ein Asket, Moralapostel und Tugendwächter wie John

Knox – wenn auch, wie gar nicht oft genug betont werden kann, ohne es geahnt oder gewollt zu haben – zu einem Wegbereiter des Whiskygenusses wurde? Vielleicht ist es einfach nur eine Ironie der Geschichte, vielleicht aber auch ein Ausdruck göttlichen Humors oder gar eine himmlische Wiedergutmachung für das, was der schottische Reformator den Menschen seinerzeit alles abverlangt und aufgebürdet hat – wobei man gerechterweise hinzufügen muss, dass er damit weder alleine dastand noch dasteht: Ganz unabhängig von ihrer Konfession haben sich Geistliche immer wieder – und manche tun es nach wie vor – angemaßt genau zu wissen, was Gott will und was nicht, was er verbietet und erlaubt, was ihn erfreut und was erzürnt, und dabei ganz vergessen, dass Gott zuerst und vor allem ein „Freund des Lebens“ (Weish 11,26) ist.

John Knox wurde um 1514 in der östlich von Edinburgh gelegenen Kleinstadt Haddington geboren und vermutlich 1536 zum Priester geweiht. Obwohl die Anfänge der Reformation bereits fast zwei Jahrzehnte zurücklagen, hatten deren Auswirkungen Schottland bis dahin noch kaum erreicht. Das änderte sich erst ab 1543, als der gebürtige Schotte George Wishart nach einem längeren Aufenthalt auf dem europäischen Festland in seine Heimat zurückkehrte und damit begann, den Protestantismus in einer seiner radikalsten Ausprägungen, nämlich der des Calvinismus, zu verbreiten. Zu seinen Anhängern zählte bald auch John Knox. Dass dieser hilflos mitansehen musste, wie sein Freund und Mentor 1546 gefangengenommen, als Ketzer verurteilt und hingerichtet wurde, erbitterte ihn zutiefst und dürfte mit ein Grund für seine fortschreitende Radikalisierung gewesen sein.

Verantwortlich dafür war nicht zuletzt Kardinal David Beaton, der ebenso mächtige wie machtbewusste Erzbischof von St Andrews. Vom Tod ihres geistlichen Mentors zutiefst getroffen überfielen Wisharts Anhänger, unter ihnen John Knox, einige Zeit später den Bischofspalast von St Andrews und ermordeten ihrerseits den Kardinal. Sie wurden jedoch gefasst und zur Rechenschaft gezogen. John Knox kam dabei vergleichsweise glimpflich davon: Nachdem er neunzehn Monate als Ruderer auf einer französischen Galeere verbracht hatte, wurde er freigelassen und ging nach England, wo er unter der Regierung des protestantischen Königs Eduard VI. als Prediger wirkte. Nach dem frühen Tod des jungen Königs und der Thronbesteigung seiner katholischen Halbschwester Mary suchte Knox 1554 Zuflucht auf dem Festland, wo er unter anderem in Frankfurt am Main eine englische Exilgemeinde betreute.

1559 kehrte er in seine Heimat zurück. Kurz zuvor war es nicht nur in Schottland, sondern auch in England zu einem grundlegenden Wandel sowohl der politischen als auch der konfessionellen Verhältnisse gekommen: Nach dem Tod der englischen Königin Mary hatte deren Halbschwester Elisabeth, wiederum eine Protestantin, den Thron bestiegen. Von ihr unterstützt erhoben sich wenig später die führenden Adeligen Schottlands und ersetzten die katholische Regentin, die Mutter der ebenfalls katholischen Königin Mary Stuart, gegen einen ihnen genehmen protestantischen Regenten. Die schottische Königin selbst lebte zu diesem Zeitpunkt noch in Frankreich, da sie nach ihrer Heirat mit dem französischen Thronfolger inzwischen zugleich Königin von Frankreich war. Nach dem ebenso frühen wie plötzlichen Tod ihres Gatten kehrte allerdings auch sie bald darauf, im Jahr 1561, in ihre Heimat zurück. Dort, in Schottland, prallten mit John Knox und Königin Mary Stuart nicht nur zwei Konfessionen, sondern geradezu zwei Welten aufeinander: auf der einen Seite die junge, lebenslustige, humanistisch

gesinnte Königin, die – ihrer Zeit weit voraus – dem mittels Parlamentsbeschluss kurzerhand zur Staatsreligion erklärten Protestantismus volle Religionsfreiheit zusagte, und im Gegenzug lediglich darauf bestand, ihren eigenen, katholischen Glauben ebenso ungehindert praktizieren zu können, auf der anderen Seite der rigide, anmaßende, unnachgiebige Reformator, der jede religiöse Überzeugung und Praxis außer seiner eigenen nicht nur vehement ablehnte, sondern mit allen Mitteln zu bekämpfen und auszumerzen suchte. Der Konflikt zwischen beiden war

Wenn John Knox auf die Kanzel stieg, hallten die Gewölbe der St Giles' Cathedral von seinen Donnerpredigten wider.

geradezu vorprogrammiert und endete erst, als Königin Mary Stuart 1567 zur Abdankung gezwungen und aus Schottland vertrieben worden war.

In der Zwischenzeit war es John Knox als einem „Meister religiöser Demagogie" – wie ihn Stefan Zweig in seinem 1935 veröffentlichten biographischen Roman über das Leben von „Maria Stuart" nicht ganz zu Unrecht genannt hat – gelungen, das religiöse ebenso wie das gesellschaftliche Leben in Schottland von Grund auf zu verändern. Voraussetzung dafür war freilich die weitgehende Zerschlagung und Beseitigung der bestehenden kirchlichen Strukturen und Einrichtungen gewesen, darunter nicht zuletzt der sowohl an Zahl als auch an Besitz und Einfluss reichen Klöster. Ob dies von Knox bewusst herbeigeführt oder nur billigend hingenommen wurde, sei dahingestellt – jedenfalls wurden damals innerhalb kürzester Zeit zahllose Klöster, Kirchen und Kathedralen von einem durch seine Predigten entfesselten Mob überfallen, ausgeplündert und, wenn nicht zerstört, dann zumindest verwüstet.

Eines der wenigen größeren Gotteshäuser, die damals verschont blieben, ist die St Giles' Cathedral in Edinburgh. Zu verdanken ist dies niemand anderem als John Knox selbst, der in ihr die geeignete Bühne fand, um gegen die im unweit entfernten Holyroodhouse Palace residierende Königin zu wettern. Es gibt aber noch einen weiteren Grund dafür, dass Edinburghs Hauptkirche die Wirren der Reformationszeit nahezu unbeschadet überstanden hat: Sie war (und ist) nämlich keineswegs das, als was sie gewöhnlich bezeichnet wird, sondern lediglich eine, wenn auch bedeutende, Gemeindekirche. Und als solche eignete sie sich – im Unterschied zu einer Kathedrale – auch für den calvinistischen Gottesdienst. Außerdem hatte die Entwicklung Edinburghs zur schottischen Hauptstadt damals, im 16. Jahrhundert, gerade erst begonnen. Zuvor hatten die Monarchen in der Regel Stirling oder Dunfermline als Wohn- und Regierungssitz bevorzugt.

Die Ursprünge von St Giles' gehen vermutlich auf das 12. Jahrhundert zurück. Vom 13. bis ins 16. Jahrhundert hinein wurde das zunächst im romanischen Stil errichtete und dem heiligen Ägidius geweihte Gotteshaus nach und nach im gotischen Stil umgestaltet und erweitert. Die steinerne Bekrönung des Vierungsturms, die nicht nur das Erscheinungsbild des Bauwerks selbst, sondern das gesamte Stadtbild von Edinburgh prägt, entstand um 1500. Seit dem 19. Jahrhundert wurde die inzwischen so genannte St Giles' Cathedral mehrfach grundlegend renoviert; aus dieser Epoche stammt auch der größte Teil der Inneneinrichtung einschließlich der farbenprächtigen Fenster. 1909 wurde mit dem Anbau der so genannten Thistle Chapel begonnen, die dem zweithöchsten Verdienstorden des Vereinigten Königreichs, dem Distelorden, als Kapelle dient und eines der bedeutendsten Beispiele neugotischer Sakralarchitektur darstellt.

Im nördlichen Seitenschiff, unweit des Haupteingangs, findet sich eines der interessantesten Ausstattungsstücke der St Giles' Cathedral: eine lebensgroße Bronzestatue von John Knox. Sie ist das Werk des in Schottland bis heute populären Bildhauers James Pittendrigh MacGillivray und entstand 1903. Die Statue zeigt den schottischen Reformator so, wie er sich vermutlich selbst gern gesehen hätte – und wie er so manche seiner Zeitgenossen in Begeisterung, andere hingegen, unter ihnen Königin Mary Stuart, in Bestürzung zu versetzen wusste: mit erhobenem Haupt, wachsamem Blick und beredten Lippen, ungeduldig nach vorne drängend, sich wem auch immer trotzig entgegenstellend, die Bibel in der Linken und mit dem Zeigefinder der Rechten energisch darauf pochend. In Anbetracht dieser Statue meint man fast, noch immer einen Nachhall seiner Predigten unter den Gewölben von St Giles' erhaschen zu können.

Dass dieser Mann in der Lage war, Menschen zu faszinieren und zu motivieren, aber eben auch zu manipulieren und zu fanatisieren, steht wohl außer Frage. Ob er den verheerenden Klostersturm der Jahre 1559 und 1560 nun gewollt hat oder nicht, ist letztlich nicht von Belang. Entscheidend ist, dass er sich, nachdem der Mob einmal zu wüten begonnen hatte, nur langsam und dann eher halbherzig aufraffte, um ihm Einhalt zu gebieten oder ihn wenigstens zu besänftigen. Unermessliche Kulturgüter, darunter zahllose Kunstwerke, Bücher und Dokumente, gingen damals ein für allemal verloren. Bis heute zeugen die Ruinen der Abteien von Dunfermline *(siehe Dunfermline I)*, Lindores *(siehe Lindores)* und vieler anderer Klöster, Kirchen und Kathedralen von der damaligen Zerstörungswut. Dass es in Schottland so viele mittelalterliche Ruinen gibt wie kaum in einem anderen Land, ist, zumindest mittelbar und mehrheitlich, das Werk von John Knox.

Doch die Idylle und Romantik, die jene Ruinen heute umgibt, sollte nicht über den Schrecken und das Leid hinwegtäuschen, das mit ihrer Zerstörung einherging. In den Klöstern Schottlands lebten zur damaligen Zeit Hunderte, wenn nicht Tausende von Mönchen und Nonnen. Sie alle standen mit einem Mal vor dem Nichts. Mit ihrem Zuhause verloren sie zugleich auch ihren Arbeitsplatz, ihren Lebensunterhalt und ihre Altersversorgung. Sofern sie überhaupt mit dem Leben davongekommen waren, blieb ihnen gar nichts anderes übrig, als sich eine völlig neue Existenz aufzubauen. Nicht wenige von ihnen gingen ins Ausland, wo sie entweder in bereits bestehenden Klöstern Zuflucht fanden oder Exilklöster gründeten. Lediglich in den abgelegenen Regionen der Highlands konnten manche von ihnen zurückkehren und ihr klösterliches Leben, zumindest bis auf Weiteres, wiederaufnehmen.

Es gab aber auch solche, die mit der neuen Situation problemlos zurechtkamen, in ihr vielleicht sogar eine willkommene Gelegenheit erblickten, nun ein völlig neues Leben zu beginnen, sich eine Frau zu nehmen und eine Familie zu gründen. Wer in früheren Zeiten in ein Kloster eintrat, tat dies schließlich nicht immer vollkommen freiwillig und aufgrund einer entsprechenden Berufung, sondern mitunter auch, um familiären Erwartungen gerecht zu werden oder sich eine gesicherte Existenz zu verschaffen. Zudem entsprach das Leben in den Klöstern des späten Mittelalters beileibe nicht überall dem selbstgewählten Ideal und Anspruch. Mancherorts hatten sich Habgier, Gleichgültigkeit und Bequemlichkeit breit gemacht; während es sich die Mönche gut gehen ließen, lebten andere in Armut. Das ganze Ausmaß der damals über die Klöster hereingebrochenen Wut ist zumindest teilweise auch damit zu erklären.

Unabhängig davon, ob und wie sie mit den damaligen Entwicklungen innerlich zurechtkamen, blieb den aus ihren Klöstern vertriebenen Mönchen in der Regel kaum etwas anderes übrig, als sich eine neue, bürgerliche Existenz aufzubauen. In den meisten Fällen dürfte ihnen das freilich nicht allzu schwer gefallen sein, denn sie waren normalerweise bestens geschult und ausgebildet. Schließlich waren die Klöster von jeher nicht nur Zentren des Glaubens, sondern auch der Kultur, der Wissenschaft, der Kunst und des Handwerks. Innerhalb eines Klosters verfügte jeder Mönch in der Regel über einen eigenen Arbeitsbereich, in dem er sich hervorragend auskannte, da er auf Erfahrungen zurückgreifen konnte, die über Jahrhunderte gesammelt und weitergegeben worden waren. Dies galt selbstverständlich auch für die Kunst der Destillation, die im Mittelalter so gut wie ausschließlich hinter Klostermauern praktiziert wurde.

Wer die Destillationskunst beherrschte, gehörte damals zur verschworenen Riege der Alchemisten. Aus heutiger Sicht betrachtet waren Alchemisten so etwas wie Philosophen, Chemiker und Apotheker in einem. Eine der wichtigsten Techniken, derer sie sich bei ihren (zumindest in den Augen Außenstehender) geheimnisvoll anmutenden Tätigkeiten bedienten, war die Destillationskunst. Destilliert wurde alles mögliche und in jeder nur denkbaren Kombination. Da aber erfahrungsgemäß nicht jedes Experiment gelang, waren die Alchemisten – was ihrem Ruf auf längere Sicht nicht gerade zuträglich war – in

Teile des Palastes von Holyroodhouse stammen noch aus der Zeit, als Königin Mary Stuart dort residierte.

der Regel auf Verschwiegenheit bedacht. Dies wiederum hatte zur Folge, dass es immer nur wenige waren, die die Kunst der Destillation beherrschten. Auch in den Klöstern wurde das entsprechende Wissen und Können immer nur von einer Mönchsgeneration zur anderen weitergegeben.

Nach dem reformatorischen Klostersturm standen jene Mönche, die zuvor in ihren Klöstern für die Herstellung medizinischer Tinkturen und des zu diesem Zweck benötigten hochprozentigen Alkohols zuständig gewesen waren, ebenso wie alle anderen heimat- und brotlos gewordenen Mönche vor der Frage, auf welche Weise sie künftig ihren Lebensunterhalt bestreiten sollten. Um diese Frage beantworten zu können, mussten sie nicht lange überlegen: Ungeachtet der veränderten Umstände blieb ihnen in der Regel gar nichts anderes übrig, als weiterhin derselben Tätigkeiten nachzugehen wie zuvor im Kloster – mit dem einzigen Unterschied, dass sie nun nicht mehr nur so viel produzierten, wie gerade benötigt wurde, sondern so viel wie möglich, um ihre Produkte verkaufen und von dem Erlös leben zu können. Und mit dem plötzlich vorhandenen Angebot entstand und wuchs alsbald auch eine entsprechende Nachfrage.

Wann und wo zum ersten Mal jemand entdeckt hat, dass das (gegebenenfalls mit den Extrakten heilkräftiger Kräuter, Früchte und Wurzeln versetzte) Destillat aus vergorener Getreidemaische nicht nur einem Kranken gut tun, sondern auch einem Gesunden gut schmecken konnte, ist unbekannt. Sofern dies schon vor der Reformationszeit der Fall gewesen ist – was durchaus möglich wäre, aber allenfalls vermutet werden kann – hätte diese Erkenntnis freilich keine allzu große Breitenwirkung entfaltet. Dem stand allein schon die Begrenztheit des Angebots entgegen: Schließlich gab es für die klösterlichen Alchemisten keine Veranlassung, mehr zu destillieren, als in der Krankenstation ihres jeweiligen Klosters benötigt wurde. Die gesamte Produktionsmenge war somit stets für einen ganz bestimmten, nämlich medizinischen Zweck und – in Ermangelung einer entsprechenden Nachfrage – nicht für den Genuss bestimmt.

Abgesehen davon dürfte das Destillat aus vergorener Getreidemaische – und zwar unabhängig davon, ob es bereits mit heilkräftigen Extrakten versetzt war oder nicht – in früherer Zeit ohnehin eher nicht für den Genuss geeignet, weil nicht sonderlich wohlschmeckend gewesen sein. Erst am Ende einer langen, vermutlich jahrhundertelangen Entwicklung, in deren Verlauf sowohl das Destillationsverfahren an sich als auch die dazu erforderlichen Apparaturen stetig weiterentwickelt und verbessert wurden, war es möglich, ein derart reines und feines Destillat zu produzieren, das auch genießerischen Ansprüchen gerecht zu werden vermochte. Damit aus dem ursprünglichen Heilmittel (auch) ein Genussmittel werden konnte, mussten also zwei Voraussetzungen gegeben sein: zum einen ein entsprechender Fortschritt der Destillationskunst und zum anderen eine Veranlassung, über den medizinischen Bedarf hinaus zu produzieren.

Zur Zeit der Reformation – genauer ausgedrückt: in der Zeit nach dem reformationsbedingten Klostersturm – waren diese beiden Voraussetzungen schließlich erfüllt: Indem jene Mönche, die zuvor innerhalb der Klöster für die Destillation zuständig waren, diese Tätigkeit nun außerhalb der Klöster fortführten, um so ihren Lebensunterhalt zu bestreiten oder zumindest aufzubessern, sorgten sie dafür, dass das Destillat aus vergorener Getreidemaische schon bald nicht mehr nur in der Medizin Verwendung fand, sondern auch als Genussmittel populär wurde. Und indem sie ihr Wissen und Können nun nicht mehr nur innerhalb ihres Klosters, sondern stattdessen an ihre (in der damaligen Zeit üblicherweise zahlreichen) Nachkommen weitergaben, sorgten sie zugleich für die Verbreitung der Destillationskunst. Die Entstehung, Entfaltung und Ausbreitung der schottischen Whiskykultur war von da an nurmehr eine Frage der Zeit.

Den Anstoß dazu gab – wenn auch, um es der Vollständigkeit halber ein weiteres Mal zu erwähnen, ohne dass er es geahnt oder gar gewollt hätte – John Knox. Gerade er, der laut Stefan Zweig „vielleicht vollendetste Typus des religiösen Fanatikers", wurde damit zum Wegbereiter einer Kultur des Genusses und der Sinnlichkeit, der Lebenslust und der Freiheit. Dass eine solche Entwicklung möglich und auf lange Sicht vielleicht sogar unvermeidlich war, gibt Hoffnung. Obwohl man unter Christen inzwischen nurmehr selten „den finsteren Mut des von sich selbst Besessenen, die Leidenschaft des bornierten Ekstatikers und den stinkenden Stolz des Selbstgerechten" finden wird, um noch einmal Stefan Zweig zu zitieren, gibt es schließlich nach wie vor genug andere vermeintlich Fromme, die, wie einst John Knox, meinen, den Menschen ihre beschränkte Sicht von Glaube und Moral notfalls mit Gewalt aufzuzwingen.

Wenn sich John Knox mit all seiner Engstirnigkeit, Anmaßung und Intoleranz als Beispiel eignet, dann wohl als abschreckendes. Dennoch wäre ihm Unrecht getan, würde man, wenn man seiner gedenkt, nicht auch seine guten Seiten und seine unbestreitbaren Leistungen in Betracht ziehen. Um dies zu tun, bietet sich ein Besuch im John Knox House an, das sich etwa 300 Meter östlich von St Giles' auf der gegenüberliegenden Seite der Royal Mile befindet. Über lange Zeit hinweg hielt man dieses im ausgehenden 15. Jahrhundert errichtete Gebäude für das Wohnhaus des Reformators und der Seinen. Inzwischen weiß man jedoch, dass die Familie Knox näher an St Giles' lebte, nämlich am Warriston Close, einer steilen, treppenförmigen Gasse, die von der Royal Mile hinunter zur Waverley Station führt. Eine dort angebrachte Gedenktafel erinnert an das Gebäude, dessen genaue Lage allerdings nicht mehr auszumachen ist.

Das nunmehrige John Knox House gehörte hingegen einem Goldschmied, der als Katholik und Anhänger von Königin Mary Stuart bekannt war (und darum später hingerichtet wurde). Dass der 1572 verstorbene Reformator ausgerechnet hier Quartier bezog, ist darum eher unwahrscheinlich. Tatsächlich lässt sich die Verbindung zwischen ihm und dem Gebäude nur bis ins 19. Jahrhundert zurückverfolgen. Heute beherbergt es eine sehenswerte Ausstellung über die Reformation im Allgemeinen und John Knox im Besonderen. Wem das zu trocken ist, der kann stattdessen (oder danach) auch eines der gut ausgestatteten Whiskygeschäfte aufsuchen, die sich um die St Giles' Cathedral herum angesiedelt haben, um anschließend in einem der zahlreichen dort ansässigen Pubs ein Glas guten Whiskys im Gedenken an das erheben, was John Knox – wenn auch, zum letzten Mal, ungeahnt und ungewollt – zu diesem Genuss beigetragen hat. ▌

LINDORES

Lindores Abbey & Lindores Abbey Distillery

Vom ehemaligen Klostergelände kann man zum wenige hundert Meter entfernten Firth of Tay blicken; dazwischen liegt besonders fruchtbares Weide- und Ackerland.

Newburgh, Fife

Die bewegte, dramatische und nicht selten tragische Geschichte Schottlands bekunden nicht zuletzt die zahllosen Ruinen, denen man, wo auch immer man im Land unterwegs ist, fast auf Schritt und Tritt begegnet. Bei einem erheblichen Teil von ihnen handelt es sich um die Überreste von Klöstern, Kirchen und Kathedralen, die infolge der Reformation aufgegeben oder aufgelöst und, wenn nicht sogleich zerstört, dann dem langsamen Verfall preisgegeben wurden. Zu den bekanntesten von ihnen gehören etwa die Ruinen der Abteien von Jedburgh, Kelso und Melrose, von Holyrood, Dunfermline *(siehe Dunfermline I & II)*, und Iona *(siehe Iona)* sowie der Kathedralen von St Andrews, Dunkeld und Elgin. Die Ruine der ehemaligen Abtei von Lindores wäre, wenn sie nicht aufgrund einer eher zufälligen geschichtlichen Wendung als die „geistliche Heimat" des schottischen Whiskys gälte, nur eine unter vielen.

Gegründet wurde das nicht ganz 50 Kilometer Luftlinie nördlich von Edinburgh am Südufer des Firth of Tay gelegene Kloster Lindores um das Jahr 1191 von David, dem achten Earl of Huntingdon, einem Bruder König Williams I. Die ersten Mönche kamen aus der Abtei Kelso. Dieses in den Borders, also im Grenzgebiet zu England gelegene Kloster gehörte der Kongregation von Tiron an, einem heute nicht mehr existierenden Reformzweig des Benediktinerordens. Im Unterschied zu anderen Benediktinern trugen die Tironenser – und damit auch die Mönche von Kelso und Lindores – kein schwarzes, sondern ein graues Ordensgewand und bemühten sich um eine besonders strenge Befolgung der Regel des heiligen Benedikt. Schon wenige Jahre nach seiner Gründung hatte sich das neue Kloster so weit entwickelt, dass es von seinem Mutterkloster in die Selbstständigkeit entlassen und zur Abtei erhoben werden konnte.

Im Lauf seines mehr als 350jährigen Bestehens war Lindores Abbey Schauplatz manch bedeutenden Ereignisses und brachte auch einige weit über die Klostermauern hinaus berühmte Mönche und Äbte hervor. Doch der mit Abstand berühmteste Mönch von Lindores ist einer, von dem nicht mehr bekannt ist, als dass er Benediktiner war und sich mit der Herstellung dessen auskannte, was man heute als Whisky bezeichnet – wobei nicht einmal das mit Gewissheit feststeht. Sicher ist eigentlich nur, dass Bruder John Cor, so der Name jenes Mönchs, irgend-

Vom Brennhaus der Lindores Abbey Distillery kann man auf die Ruinen des einstigen Klosters herunterblicken.

einem Orden – also nicht unbedingt dem Benediktinerorden und damit auch nicht unbedingt der Abtei von Lindores – angehörte und dass er an einem nicht näher bekannten Tag des Jahres 1494 eine größere Menge Gerstenmalz einkaufte, die dazu bestimmt war, zu dem verarbeitet zu werden, was man damals „aqua vitae“, „Wasser des Lebens“, zu nennen pflegte.

Nachlesen kann man diese Begebenheit in den so genannten Exchequer Rolls, den Akten der königlich-schottischen Steuerbehörde. Für sich genommen enthält dieser Vermerk allerdings nichts, was irgendwie bemerkenswert wäre. Schließlich unterhielten die meisten mittelalterlichen Klöster eine Krankenstation, in der man hochprozentigen Alkohol zur Herstellung medizinischer Tinkturen benötigte. Um den entsprechenden Bedarf zu decken, gab es darum zumindest in den größeren Klöstern immer sowohl einen Mönch, der sich aufs Destillieren verstand, als auch die dazu nötigen Gerätschaften. Destilliert wurde also nicht nur in Lindores Abbey,

Im Ostteil der um den quadratischen Kreuzgang herum angeordneten Klosteranlage befand sich einst der Kapitelsaal.

sondern auch anderswo, und Bruder John war keine Ausnahmeerscheinung, sondern einer unter vielen. Wären nicht ausnahmslos alle schottischen Klöster infolge der Reformation untergegangen, fänden sich in deren Archiven gewiss noch manch andere und ältere Zeugnisse dieser Art.

So aber war es Bruder John Cor, der, zweifellos ohne es geahnt zu haben, für die nach derzeitigem Wissensstand älteste erhaltene urkundliche Erwähnung schottischen Whiskys gesorgt und damit zugleich die Voraussetzung dafür geschaffen hat, dass Lindores Abbey heute mit gutem Grund als die „geistliche Heimat" des schottischen Whiskys betrachtet wird. So berechtigt diese Bezeichnung auch sein mag, so verfehlt wäre es freilich, in Lindores Abbey so etwas wie den Ursprung der schottischen Whiskykultur ausmachen zu wollen oder gar zu behaupten, hier sei der Whisky erfunden worden. Das

Besondere, ja Einmalige an Lindores Abbey besteht lediglich darin, dass sich die in den iro-schottischen Klöstern über viele Jahrhunderte hinweg nicht nur gepflegte und überlieferte, sondern auch beständig weiterentwickelte Kunst der Destillation hier an einem Ort und einem Namen festmachen lässt.

Bedauerlicherweise bietet das, was von den Abteigebäuden noch erhalten ist, kaum mehr als eine (im wahrsten Sinn des Wortes) bruchstückhafte Vorstellung ihres einstigen Aussehens. Nachdem das Kloster im Zuge der reformatorischen Wirren 1543 ein erstes Mal überfallen und ausgeplündert worden war, wurde es 1559 endgültig für aufgelöst erklärt und die Mönche vertrieben. Die Gebäude dürften zu diesem Zeitpunkt zwar verwüstet, aber noch intakt gewesen sein. Schon bald allerdings gerieten sie in Verfall und wurden von den Bewohnern der benachbarten Orte am Ende sogar als Steinbruch genutzt. Bis heute kann man in Newburgh und Umgebung nicht wenigen älteren Gebäuden ansehen, dass sie aus den Überresten noch älterer Gebäude, nämlich jenen der Abtei, erbaut worden sind. Erst im 19. Jahrhundert gebot man der Zerstörung Einhalt; was noch erhalten war, wurde 1973 unter Denkmalschutz gestellt.

Folgt man der am östlichen Ortsausgang von Newburgh beginnenden Abbey Road, befindet man sich nach etwa 250 Metern inmitten des ehemaligen Klostergeländes: Während sich südlich der Straße der nahezu vollständig verschwundene Wirtschaftshof mit diversen Werkstätten, Stallungen und Scheunen befunden haben dürfte, lagen die eigentlichen Abteigebäude auf der gegenüberliegenden, also der nördlichen Straßenseite. Trotz aller Zerstörungen ist zumindest die Grundstruktur der Klosteranlage bis heute erkennbar: Ihr Zentrum bildete der quadratische Kreuzgang, von dem aus die einzelnen Gebäude und Trakte leicht zu erreichen waren. Auf der

Nordseite befand sich die rund 60 Meter lange Abteikirche, im Osten der Kapitelsaal, im Süden das Refektorium, also der Speisesaal mitsamt dem Küchentrakt, und im Westen der Eingangsbereich sowie möglicherweise auch das Dormitorium, der Schlafsaal.

Was von den Gebäuden heute noch sichtbar ist, stammt zum größten Teil aus der Gründungsphase des Klosters, entstand also an der Wende vom 12. zum 13. Jahrhundert. Den Haupteingang zum fast vollständig ummauerten Klosterareals bildet wie eh und je eine steinerne Portalöffnung, deren romanische Bogenform vermuten lässt, dass sie vielleicht sogar noch etwas früher, also im ausgehenden 12. Jahrhundert, entstanden ist. Ansonsten aber dürfte der Klosterkomplex größtenteils im gotischen Stil erbaut gewesen sein, was man noch recht gut an einem kleinen, zwischen den Überresten des südlichen Querschiffs der Abteikirche und des Kapitelsaals gelegenen Raum erkennen kann, von dem sich zumindest ein Teil des Gewölbes erhalten hat. Viele der auf dem Klosterareal gefundenen Bruchstücke von Säulen, Kapitellen und Maßwerkfenstern lassen sich ebenfalls eindeutig der Gotik zuordnen.

Von der Abteikirche, die der Gottesmutter Maria, dem Apostel Andreas und allen Heiligen geweiht war, sind lediglich die Fundamente und einige wenige Mauerreste erhalten. Sie hatte die Form eines Kreuzes, bestehend aus einem nicht sonderlich breiten Mittelschiff mit einem vermutlich später ergänzten nördlichen Seitenschiff, an das sich im Westen ein massiver Turm anschloss, einem Querhaus mit mehreren Kapellen an seiner Ostseite sowie einem rechteckigen Chorraum. Hier befand sich der Hochaltar und davor wohl das Chorgestühl, in dem die Mönche bis zu siebenmal am Tag zum gemeinsamen Gebet zusammenkamen. Hier dürfte auch Bruder John Cor – wenn er denn tatsächlich der Abtei

In einer Wand, die früher vermutlich zur Sakristei gehörte, haben sich zwei steinerne Waschgelegenheiten erhalten.

von Lindores angehörte – seinen Platz gehabt haben, ebenso wie im Kapitelsaal, im Speisesaal und im Schlafsaal. Irgendwo auf dem einstigen Klosterareal befindet sich vermutlich auch sein Grab.

Bruder John hat keinerlei sichtbaren Spuren in Lindores Abbey hinterlassen. Wer aber nach Spuren sucht, die an das „Wasser des Lebens" erinnern, mit dessen Herstellung er einst befasst war, wird nach wie vor fündig. Diese Spuren verweisen zwar nicht auf einen Ort, an dem irgendwann einmal das „Wasser des Lebens" erzeugt wurde, wohl aber auf die wichtigste der dazu gegebenenfalls erforderlichen Zutaten: das Wasser. Da sind zum Beispiel zwei steinerne Waschbecken, die sich in einer in die nördliche Außenwand des ehemaligen Chorraums eingelassenen Nische erhalten haben. Vermutlich befand sich hier einst die Sakristei, also der Raum, in dem all das aufbewahrt wurde, was man zur Feier des

Gottesdienstes benötigte. Bevor man die sakralen Bücher, Gefäße und Gewänder zur Hand nahm, war es üblich, sich zum Zeichen der Ehrfurcht die Hände zu waschen.

Woher stammte das hier verwendete und alles weitere Wasser, das man in einem Kloster wie Lindores Abbey ja nicht nur in der Sakristei, sondern auch in der Küche, den sanitären Einrichtungen, den Stallungen und Werkstätten tagtäglich in nicht geringer Menge brauchte? Um dies zu erfahren, braucht man von den Abteiruinen nur ein kurzes Stück in östlicher Richtung zu gehen, wo man auf den Holy Burn, den Heiligen Bach, trifft. Dabei handelt es sich um den Ausfluss des Lindores Loch, eines etwa fünf Kilometer in südöstlicher Richtung gelegenen Sees, der dem Kloster seinerzeit als Wasserreservoir diente. Zwei Quellen auf einem nahe gelegenen Hügel, dem Clatchard Crag, lassen aufgrund ihrer Namen – Abbot's Well und Monks' Well – gleichfalls vermuten, dass sie einst zur Wasserversorgung des Klosters beitrugen: Erstere ist heute allerdings verschollen, letztere unter einer unschönen Einhausung verborgen.

Bedauerlicherweise muss die Frage, ob das in Lindores Abbey verfügbare Wasser jemals auch zur Produktion hochprozentigen Alkohols verwendet wurde, unbeantwortet bleiben: Denn erstens steht ja nicht mit Gewissheit fest, dass Bruder John Cor tatsächlich diesem und keinem anderen Kloster angehörte, und zweitens enthalten weder die Exchequer Rolls noch andere Dokumente irgendeinen Hinweis darauf, wo das von ihm seinerzeit erworbene Gerstenmalz letztlich verarbeitet wurde. Dies könnte ebenso gut auch in Dunfermline geschehen sein, näherhin im dortigen Benediktinerkloster oder im unmittelbar angeschlossenen Königspalast, wo Bruder John zumindest zeitweilig – in welcher Funktion auch immer – tätig war. Was jedoch feststeht, ist, dass in Lindores Abbey zumindest eine wichtige Voraussetzung für die Produktion hochprozentigen Alkohols gegeben war: Das Kloster verfügte nämlich über ein eigenes Brauhaus.

Tatsächlich wurde die Braukunst in den mittelalterlichen Klöstern noch weitaus häufiger und in größerem Stil praktiziert als die Destillationskunst. Schließlich bildete das ebenso schmack- wie nahrhafte Bier gerade in Zeiten des Fastens eine ebenso willkommene wie notwendige Ergänzung der kargen Klosterkost. Denn es galt: „Liquida non frangunt ieiunium" – zu Deutsch: Flüssiges bricht das Fasten nicht. Das mag zunächst nach Heuchelei klingen, offenbart aber bei näherer Betrachtung tiefe Weisheit: Gebote und Vorschriften wie das Fasten sind nämlich – zumindest nach christlichem Verständnis – niemals Selbstzweck, sondern sollen dazu beitragen, bewusster, verantwortlicher und damit freier zu leben. Gott hat nichts davon, wenn Menschen Verzicht und Mäßigung üben – wohl aber die betreffenden Menschen selbst, denn auf diese Weise werden sie vor Übersättigung, Abstumpfung und Abhängigkeit bewahrt.

Auch Jesus hat sich immer wieder über vermeintlich göttliche Gebote und religiöse Vorschriften hinweggesetzt, wenn deren wörtliche und strikte Anwendung dem Zweck zuwidergelaufen wäre, zu dem sie einst erlassen wurden. Als seine Jünger einmal kritisiert wurden, weil sie an einem Sabbat, dem wöchentlichen Ruhetag, Kornähren abgerissen hatten, verteidigte er sie mit den Worten: „Der Sabbat wurde für den Menschen gemacht, nicht der Mensch für den Sabbat." (Mt 2,27) Und als er selbst in die Kritik geriet, weil er am Sabbat einen Kranken geheilt hatte, antwortete er: „Ist es am Sabbat erlaubt, Gutes zu tun oder Böses, ein Leben zu retten oder zugrunde zu richten?" (Lk 6,9) Mit anderen Worten ausgedrückt: Es kann unter Umständen nicht nur

Der nicht weit von Lindores Abbey entfernte Falkland Palace diente zeitweilig als königliches Jagdschloss.

erlaubt, sondern geradezu geboten sein, religiöse Regeln zu umgehen oder gar zu missachten – nämlich immer dann, wenn deren Befolgung dem Leben abträglich wäre.

Ein gutes Beispiel dafür ist auch das so genannte Freitagsgebot, also der urchristliche Brauch, zum Gedenken an den Kreuzestod Jesu und zum Zeichen der Buße an Freitagen auf den Genuss von

Fleisch zu verzichten. Diese Regel kennt eine solche Fülle an Ausnahmen, dass man beinahe in Zweifel geraten kann, was eigentlich Regel und was Ausnahme ist: Grundsätzlich ausgenommen sind Kinder, Senioren und Kranke; ausgenommen sind auch alle Freitage, auf die eines der nicht gerade wenigen christlichen Hochfeste fällt; ausgenommen sind ferner alle, die irgendwo zu Gast sind oder sich auf Reisen befinden; und wem das noch nicht genügt, der kann den Verzicht auf Fleischspeisen nach Gutdünken durch irgendeinen anderen Verzicht, eine Einschränkung im Konsumverhalten, eine gute Tat, ein beliebiges Opfer oder Bußwerk, ersetzen. Aber ist das Freitagsgebot damit nicht völlig ausgehöhlt, ja ad absurdum geführt?

Mitnichten! Denn der Sinn des Freitagsgebots besteht ja nicht im Fleischverzicht an sich: Man tut niemandem – außer vielleicht sich selbst – einen Gefallen, wenn man freitags auf Fleisch verzichtet, am allerwenigsten Gott. Der Sinn des Freitagsgebots besteht vielmehr darin, sich die eigene Bedürftigkeit und die durch das Lebensopfer Jesu gewonnene Freiheit bewusst zu machen – und das kann ebenso dadurch geschehen, dass man auf Fleisch verzichtet, wie durch die bewusste Inanspruchnahme einer wie auch immer begründeten Ausnahme von dieser Regel. Dementsprechend haben auch Bruder John Cor und die Mönche von Lindores Abbey nicht gefastet, weil Gott Freude an Verzicht, Mäßigung und den damit verbundenen Mühen hätte, sondern um sich vor Übersättigung, Abstumpfung und Abhängigkeit zu bewahren. Das Bier, das sie tranken, um trotz Fastens bei Kräften zu bleiben, tat dem keinen Abbruch.

Das wäre sogar noch weniger der Fall gewesen, wenn die Mönche von Lindores Abbey ihr Bier nicht nur gebraut hätten, um es zu trinken, sondern wenn es – was freilich nur vermutet werden kann – zumindest teilweise auch dazu bestimmt gewesen wäre zu

Die Überreste der Abtei dienten den Bewohnern der umliegenden Ortschaften jahrhundertelang als Steinbruch.

dem weiterverarbeitet zu werden, was heute als Whisky bekannt ist. Das Ausgangsprodukt der Whiskyherstellung war und ist schließlich nichts anderes als eine Art Bier: gemahlenes, gemaischtes und vergorenes Gerstenmalz. Dies traf im mittelalterlichen Schottland umso mehr zu, als Bier noch generell ohne Hopfen hergestellt wurde, der auf den Britischen Inseln erst ab dem Ende des 15. Jahrhunderts angebaut und verwendet wurde, und zwar zunächst nur im Süden. Bis hin zur eigentlichen Destillation verlief die Herstellung von Bier und Whisky somit vollkommen parallel, wobei dies in der Regel sogar am selben Ort und mit denselben Gerätschaften geschah.

Beiden Produkten, Bier und Whisky, sind aber nicht nur die wichtigsten Zutaten und einige entscheidende Produktionsschritte gemeinsam, sondern auch ihre klösterliche Heimat. Zwar wurde die Herstellung von Bier nicht wie die von Whisky hinter Klostermauern erfunden, dort aber ebenfalls über viele Jahrhunderte hinweg gepflegt und beständig weiterentwickelt. In beiden Fällen geschah dies, um das Leben der Menschen zu erleichtern: Während Bier anfangs dazu diente, die karge Klosterkost zu ergänzen, wurde der im Zuge der Destillation gewonnene hochprozentige Alkohol ursprünglich zur Herstellung medizinischer Tinkturen verwendet. Dass diejenigen, die in den Genuss dieser beiden Produkte kamen, sie aufgrund ihrer kontinuierlich verbesserten Qualität irgendwann tatsächlich zu genießen begannen und später sogar vornehmlich um des Genusses willen zu sich nahmen, scheint in den Klöstern niemanden gestört zu haben.

Dazu bestand – und besteht bis heute – auch nicht der geringste Grund. Verzicht, Mäßigung – kurz: Askese auf der einen und Genuss auf der anderen Seite stehen nämlich keineswegs im Widerspruch zueinander. Das glatte Gegenteil ist der Fall: Askese und Genuss gehören untrennbar zusammen und bedingen sich sogar gegenseitig! Denn für den, der nicht zu genießen versteht, wäre jeder Verzicht und jede Mäßigung gar keine Mühe, keine Leistung, kein Opfer, sondern eine bloße Gewohnheit und damit auch keine Tugend. Umgekehrt jedoch vermag nur der etwas wirklich zu genießen, der sich durch Mäßigung und zumindest gelegentlichen Verzicht vor Übersättigung, Abstumpfung und Abhängigkeit bewahrt. Bruder John Cor und seine Mitbrüder haben in und aus dieser fruchtbaren Spannung zwischen Askese und Genuss gelebt und damit ein bleibend gültiges Beispiel christlicher Spiritualität geboten.

Das – im doppelten Sinn des Wortes – spirituelle Erbe der Mönche von Lindores Abbey ist mit der Zerstörung ihres Klosters glücklicherweise nicht völlig verloren gegangen. 1913 kaufte ein gewisser Ian Howison das ehemalige Klosterareal. Zusammen mit seiner Familie bezog er das einige Jahre zuvor etwas westlich der Ruinen errichtete Lindores Abbey House und bewirtschaftete fortan die in der Tradition des einstigen Klosterguts stehende Farm. Es war um die Mitte der 90er des 20. Jahrhunderts, als sein Urenkel Drew McKenzie Smith, der das Anwesen geerbt hatte, erstmals davon erfuhr, dass es womöglich ein Mönch von Lindores Abbey war, auf den die nach heutigem Wissensstand älteste erhaltene urkundliche Erwähnung schottischen Whiskys zurückgeht. Seither ließ ihn der Gedanke nicht mehr los, selbst in die Fußstapfen von Bruder John Cor zu treten und den Geist von Lindores mit neuem Leben zu erfüllen.

Es dauerte allerdings noch volle zwei Jahrzehnte, bis seine Vision konkrete Formen annahm und schließlich verwirklicht werden konnte: Anfang 2016 begann man dort, wo sich einst der Wirtschaftshof des Klosters und vermutlich auch das klostereigene Brauhaus befunden hatten, mit dem Abriss einiger aus jüngerer Zeit stammender Farmgebäude. Bei den anschließenden, an einem so geschichtsträchtigen Ort wie diesem schlichtweg unerlässlichen archäologischen Untersuchungen fand man einige bislang unbekannte Fundamente des einstigen Klosterkomplexes sowie eine Reihe architektonischer Fragmente. Im Sommer 2016 konnte schließlich mit

Beim Bau der Lindores Abbey Distillery hat man sich an der Architektur mittelalterlicher Klöster orientiert.

dem eigentlichen Bau begonnen werden: dem Bau einer Destillerie, die nach dem Willen ihres Gründers dazu bestimmt ist, dem schottischen Whisky in der mutmaßlichen Tradition von Lindores Abbey und Bruder John Cor eine „geistliche Heimat“ zu bieten!

Diese Absicht zeigt sich bereits im äußeren Erscheinungsbild der im Somer 2017 eröffneten Destillerie, das sowohl in seiner Gesamtheit als auch in vielen Details an die Architektur mittelalterlicher Klöster erinnert. Dementsprechend erfahren die Besucher im ebenso geschmackvoll wie informativ ausgestatteten Besucherzentrum nicht nur Grundlegendes über schottischen Whisky und seine Herstellung, sondern werden darüber hinaus auch mit der geistlichen und kulturellen Geschichte dieses ursprünglich klösterlichen Produkts vertraut gemacht. Im Mittelpunkt steht dabei natürlich die Geschichte von Lindores Abbey und jene für sich genommen banale Aktennotiz aus dem Jahr 1494, die zur Folge hatte, dass Lindores Abbey aus heutiger Sicht betrachtet

Die neue Destillerie wurde an der Stelle erbaut, wo sich einst die klösterlichen Wirtschaftsgebäude befanden.

zur „geistlichen Heimat" des schottischen Whiskys und Bruder John Cor zu ihrem wohl berühmtesten Mönch wurde.

Mit der Eröffnung der Lindores Abbey Distillery hat sich gleichsam ein Kreis geschlossen, der seit mehr als viereinhalb Jahrhunderten, seit dem Untergang des gleichnamigen Klosters, zerbrochen war. Wenn auch die Klostergebäude weiterhin in Trümmern liegen, so ist aus diesen Trümmern doch zumindest die mit dem Namen von Bruder John Cor untrennbar verbundene Tradition der Whiskyerzeugung zu neuem Leben erstanden. Das im doppelten Sinn spirituelle Erbe von Lindores Abbey und ihres wohl berühmtesten Mönchs ist nicht vergessen! Wann immer jemand eine Flasche Whisky öffnet und etwas von dem, was sie beinhaltet, genießt, soll-

te er sich bewusst sein, dass er diesen Genuss letztendlich Männern wie Bruder John verdankt: Männern des Geistes, Geistlichen im wahrsten Sinn des Wortes, die, gerade weil ihr Blick fest auf den Himmel gerichtet war, mit beiden Beinen ebenso fest auf der Erde standen. ❙

In den Highlands

ABERLOUR

St Drostan's Well & Aberlour Distillery

In der nach dem 174 Kilometer langen und bei Kingston in die Nordsee mündenden Fluss Spey benannten Whiskyregion liegt fast die Hälfte der schottischen Destillerien.

Charlestown of Aberlour, Moray

Bis weit in die christliche Ära hinein war es in Schottland eher unüblich, religiöse Gebäude, also Tempel, Heiligtümer oder Gotteshäuser, zu erbauen. Als Kultstätten dienten vielmehr natürliche Strukturen und Gebilde, darunter zum Beispiel Berggipfel, Felsformationen, Höhlen, Bäume oder Gewässer. Die häufigste Form dieser Kultstätten waren die so genannten Quellheiligtümer. Was die Menschen an einer Quelle die Nähe Gottes (beziehungsweise in vorchristlicher Zeit die Nähe von Göttern, Geistern oder Ahnen) suchen und spüren ließ, war zunächst und vor allem die Erfahrung, dass Wasser zum Leben notwendig ist, dass es ohne Wasser kein Leben gibt. Es kommt aber noch etwas anderes, aus christlicher Sicht vielleicht sogar noch Bedeutenderes hinzu: Eine Quelle hat ihr Dasein in beständiger Selbsthingabe; eine Quelle, die nicht mehr gibt, ist vergangen, ist keine Quelle mehr.

Somit vermag jede Quelle allein durch ihr Dasein an Jesus Christus zu erinnern, der „uns geliebt und sich für uns hingegeben hat als Gabe und Opfer, das Gott gefällt“ (Eph 5,2), sowie an die von ihm formulierte christliche Grundhaltung: „Wer sein Leben zu bewahren sucht, wird es verlieren; wer es dagegen verliert, wird es erhalten.“ (Lk 17,33) Darum haben die frühen christlichen Missionare – zumindest die Klügeren und Besonneneren unter ihnen – nicht versucht, die Menschen von den alten, heidnischen Heiligtümern fernzuhalten, sondern diesen vielmehr eine neue, christliche Deutung und Bestimmung gegeben. So wurden etwa die den Menschen seit Generationen vertrauten Quellheiligtümer vielerorts als Taufbrunnen verwendet. Dies lag insofern nahe, als das Wasser der Taufe in der Bibel wiederholt als „lebendiges Wasser“ (Joh 4,10) oder „Wasser des Lebens“ (Offb 21,6) bezeichnet wird.

Ein solch weiser und besonnener Missionar war auch der heilige Drostan. Der Überlieferung nach gehörte er zu den zwölf Gefährten, mit denen zusammen der heilige Kolumban im Jahr 563 seine irische Heimat verließ, um auf der dem schottischen Festland vorgelagerten Insel Iona ein Kloster zu gründen *(siehe Iona)*. Die Mönche von Iona betrachteten ihre Gründung von Anfang an nicht nur als Rückzugsort, sondern auch als Brückenkopf, von dem aus sie immer wieder aufbrachen, um im damals noch weitgehend heidnischen Schottland den christlichen Glauben zu verkünden und Gemeinden zu gründen. Den heiligen Drostan, der mit vollstän-

Die Gegend um den 841 Meter hohen Ben Rinnes ist sowohl für die Menge als auch für die Qualität ihres Wasser bekannt.

digem Namen Drostan Mac Cosgrach hieß, führten seine Missionsreisen vornehmlich in den Nordosten Schottlands, näherhin in die heutigen Verwaltungsbezirke Moray, Aberdeenshire und Angus, wo die Erinnerung an ihn bis heute an zahlreichen Orten lebendig ist.

Vermutlich um das Jahr 580 gründete Drostan in Old Deer in Aberdeenshire ein klösterliches Missionszentrum, dem er im Auftrag des heiligen Kolumban einige Jahre als Abt vorstand. Gegen Ende seines Lebens zog es ihn aber wieder in die Einsamkeit: Im Glen Esk, dem östlichsten der fünf so genannten Angus Glens, erbaute er sich eine Einsiedelei, wo er fortan lebte und um das Jahr 610 starb. Beigesetzt wurde er aber nicht dort, sondern in Aberdour, unweit des heutigen New Aberdour, wo er ehedem eine in späterer Zeit nach ihm benannte Kirche gegründet hatte. Dort gibt es auch eine später ebenfalls nach ihm benannte Quelle, St Drostan's Well. Dabei handelt es sich der Überlieferung nach um ein vormals heidnisches Quellheiligtum, an dem er den Menschen vom „Wasser des Lebens" im biblischen Sinn zu trinken gab, indem er ihnen den christlichen

Die Aberlour Distillery existiert zwar erst seit 1823, blickt aber auf eine weitaus längere Tradition zurück.

Glauben verkündete und auf Verlangen die Taufe spendete.

Nicht nur aufgrund der Ähnlichkeit beider Namen kann man Aberdour nur allzu leicht mit Aberlour verwechseln. Während Aberdour etwa zehn Kilometer westlich von Fraserburgh im nördlichen Aberdeenshire gelegen ist, findet man Aberlour, das seit 1812 offiziell Charlestown of Aberlour heißt, etwa 20 km südlich von Elgin im Verwaltungsbezirk Moray, am Ufer des River Spey. Die Verwechslungsgefahr ist auch insofern hoch, als es in Aberlour ebenfalls ein früheres heidnisches Quellheiligtum gibt, das dem heiligen Drostan einst als Taufbrunnen diente und infolge dessen später nach ihm benannt wurde. St Drostan's Well von Aberlour liegt inmitten einer Gegend, die bis heute für die exzellente Qualität ihres Wassers bekannt ist, das hier, an der Nordflanke des 841 Meter hohen Ben Rinnes, zudem in schier unbegrenzter Menge zur Verfügung steht und zahlreiche Quellen speist.

Von daher ist es nicht verwunderlich, dass sich in jener Gegend gleich mehrere Whiskydestillerien angesiedelt haben. Grundvoraussetzung für den Be-

1973 wurde die Aberlour Distillery modernisiert und vergrößert; seither verfügt sie über vier Brennblasen.

trieb einer Destillerie ist schließlich die Verfügbarkeit von Wasser, wobei es auf dessen Qualität ebenso ankommt wie auf die Quantität: Wasser braucht man etwa zum Mälzen und zum Maischen, zum Kühlen des Destillats nach der eigentlichen Destillation sowie zum Reinigen der im Zuge des gesamten Herstellungsprozesses verwendeten Behältnisse. Außerdem wird Wasser benötigt, sofern der Alkoholgehalt des frischen Destillats vor der Fasslagerung auf den traditionellen und in vielen Destillerien nach wie vor üblichen Wert von 63,5 % und vor der Abfüllung in Flaschen auf Trinkstärke reduziert werden soll. Von den reichen Wasservorräten der Gegend zwischen Ben Rinnes und River Spey profitieren etwa die Destillerien Benrinnes, Dailuaine, Glenallachie und Glenfarclas.

Die älteste unter ihnen ist jedoch die Aberlour Distillery. Gegründet wurde sie bereits 1826 und damit nur wenige Jahre nach der im Jahr 1823 erfolgten Senkung der bis dahin unverhältnismäßig hohen Besteuerung der Whiskyproduktion in den schottischen Highlands *(siehe Lochaber & Mortlach)*. Nachdem die ursprünglichen Destilleriegebäude einer

Ob es die Linn Falls waren, wo der heilige Drostan einst gepredigt und getauft hat, kann nur vermutet werden.

verheerenden Brandkatastrophe zum Opfer gefallen waren, mussten sie allerdings 1879 von Grund auf neu errichtet werden. Aus praktischen Gründen geschah dies nicht an derselben Stelle wie zuvor, sondern ein Stück weit davon entfernt. 1898 richtete ein weiterer Brand erneut erhebliche Schäden an. Womöglich war es eine Folge dieser tiefgreifenden Einschnitte in die Geschichte der Aberlour Distillery, dass irgendwann völlig in Vergessenheit geriet, aus welcher der zahlreichen Quellen in ihrer Umgebung sie ursprünglich ihr Wasser bezogen hatte.

Dies ist insofern sehr bedauerlich, als es sich dabei der Überlieferung nach um St Drostan's Well gehandelt hat. Es ist heute also nurmehr bekannt, dass eines der zahlreichen Gewässer in jener Gegend einst St Drostan's Well genannt wurde, nicht aber, um welches Gewässer es sich dabei gehandelt hat. Man kann also nurmehr vermuten, wo der heilige Drostan seinerzeit gepredigt und getauft hat. Am wahrscheinlichsten ist, dass es sich bei St Drostan's Well um den für die Destillerie einst namensgebenden Aberlour Burn gehandelt hat, näherhin um das von ihm durchflossene Wasserbecken zu Füßen der so genannten Linn Falls. Der Bach, der im Volksmund auch kurz Lour Burn genannt wird, speist sich aus zahlreichen, an der Nordflanke des Ben Rinnes entspringenden Quellen, fließt unmittelbar an der Aberlour Distillery vorbei und mündet schließlich in den River Spey.

Wenn man dem Verlauf des Lour Burn in südlicher Richtung, also hangaufwärts folgt, erreicht man die Linn Falls nach einem gut zehnminütigen Spaziergang. Durch einen von mächtigen Felsblöcken flankierten Spalt strömt das Wasser hier über zwei eher breite als hohe Kaskaden hinab, um sich, bevor es in Richtung des River Spey abfließt, in einem natürlichen, teichähnlichen Becken zu sammeln. Noch heute umgibt diesen Ort eine beschauliche, ja spirituelle Atmosphäre, der man sich selbst dann, wenn man nur kurz zu verweilen gedenkt, schwerlich entziehen kann. Von daher ist es gut vorstellbar, dass dieser Ort den Menschen schon in vorchristlicher Zeit als heilig galt, als ein Ort, an dem Diesseits und Jenseits gleichsam ineinanderfließen. Möglicherweise war es also hier, wo auch der heilige Drostan predigte und denjenigen, die, von seiner

Seit 2002 hat der lange vergessene Quellstein einen Ehrenplatz im neu eröffneten Besucherzentrum der Destillerie.

Botschaft überzeugt, Christen werden wollten, die Taufe spendete.

Auf der Suche nach den Spuren des Heiligen und der nach ihm benannten Quelle ist man aber nicht zur Gänze auf bruchstückhafte Überlieferungen und die eigene Vorstellungskraft angewiesen. Die Aberlour Distillery verfügt nämlich über ein Relikt, das die uralte Verbindung zwischen ihr und dem heiligen Drostan ganz konkret werden lässt: einen Stein, der früher offenkundig einmal St Drostan's Well markiert hat. Es handelt sich um einen sturzförmig behauenen Sandsteinblock mit einer halbrunden, giebelförmigen Ausbuchtung; innerhalb dieser Ausbuchtung zeigt er ein schmales keltisches Kreuz *(siehe Kildalton)* und darunter die Inschrift: „St Dunstan's Well". Dunstan ist die englische Version des iro-schottischen Namens Drostan. Stilistische Merkmale und die Tatsache, dass die englische Sprache in den Highlands erst in der Neuzeit Verbreitung fand, sprechen dafür, dass die Inschrift aus dem 18. oder 19. Jahrhundert stammt.

Nachdem ihm über lange Zeit hinweg kaum Beachtung geschenkt worden war, hat der Stein heu-

Die Whiskyregion Speyside ist aufgrund ihrer idyllischen Landschaft auch eine beliebte Urlaubs- und Wandergegend.

te einen gebührlichen Ehrenplatz im Visitor Center der Aberlour Distillery gefunden. Er erinnert dort an die uralte und ungebrochene spirituelle Tradition dieses Ortes, eine Tradition, die in der Ehrfurcht vor der natürlichen Lebenskraft des Wassers ihren Anfang nahm, vom heiligen Drostan im Bewusstsein der dem Wasser der Taufe innewohnenden übernatürlichen Lebenskraft aufgegriffen wurde und von der Aberlour Distillery bis heute durch die Produktion dessen fortgeführt wird, was von alters her und mit gutem Grund als „Wasser des Lebens" *(siehe Dunfermline I)* bezeichnet wird. Denn was könnte einem eindrücklicher erfahrbar machen als ein Glas guten Whiskys, dass nicht nur die leiblichen Bedürfnisse danach verlangen, gestillt zu werden, sondern auch die (im doppelten Wortsinn) geistigen, geistlichen, spirituellen? ▮

LOCHABER

Ben Nevis Distillery, Glenfinnan & Glen Coe

Die Statue eines namenlosen Highlanders auf dem Glenfinnan Monument erinnert an die zahllosen Schotten, die im Kampf für Recht und Freiheit ihr Leben eingesetzt haben.

Fort William (& Umgebung), Highland

Allein schon von ihrer Lage her ist die Ben Nevis Distillery eine Ausnahmeerscheinung: Einerseits liegt sie zu Füßen des mit 1344 Metern höchsten Berges der Britischen Inseln, von dem sie ihren Namen hat, und zugleich nur etwas mehr als einen Kilometer von der Meeresküste entfernt, näherhin vom Nordufer des Loch Linnhe, dessen südliches Ende sich in den Firth of Lorn und damit in den Atlantischen Ozean öffnet. Wie in keiner anderen Destillerie kann man hier erleben, was den besonderen, unverwechselbaren Charakter schottischen Whiskys ausmacht:

Dass sich der Gipfel des Ben Nevis wolkenfrei zeigt, ist statistisch gesehen nur an etwa 50 Tagen pro Jahr der Fall.

Es ist nämlich nicht nur seine traditionelle, heute mehr denn je streng geregelte Herstellungsweise, sondern auch – und zwar nicht zuletzt – seine Herkunft, seine ebenso raue wie reizvolle Heimat. Mit anderen Worten ausgedrückt: Schottischer Whisky geht aus der schottischen Landschaft selbst hervor und trägt deren Züge!

Die Region, in der die Ben Nevis Distillery liegt, gehört zweifellos zu den schönsten, weil vielfältigsten und abwechslungsreichsten ganz Schottlands. Sie ist geprägt von schroffen Gebirgszügen und einsamen Tälern sowie zahlreichen Lochs, bei denen es sich teils um Meeresarme, teils um Süßwasserseen handelt. Bekannt ist diese Gegend auch als Lochaber. Mit diesem Namen wird seit alters her das Gebiet um den nördlichen Teil des Loch Linnhe bezeichnet, der früher auch Loch Abar genannt wurde. Erwähnung gefunden hat diese Region bereits in der gegen Ende des siebten Jahrhunderts entstandenen Lebensbeschreibung des heiligen Kolumban

Auf die Verbindung zum Clan MacDonald ist man in der Ben Nevis Distillery mit gutem Grund bis heute stolz.

von Iona *(siehe Iona)*. Demnach hat sich der Heilige auf seinen Missionsreisen mindestens einmal in der Gegend um den „Stagnum Aporum“ – wie der Loch Abar im lateinischen Originaltext genannt wird – aufgehalten und hier mehrere Wunder gewirkt.

Auch in späterer Zeit war diese Region trotz ihrer abgelegenen Lage immer wieder Schauplatz bedeutender Ereignisse in der oftmals bewegten, nicht selten auch dramatischen Geschichte Schottlands. Gut 25 Kilometer westlich der Kleinstadt Fort William, dem touristischen Zentrum von Lochaber, befindet sich am nördlichen Ufer des Loch Shiel das im Jahr 1815 errichtete Glenfinnan Monument. Es markiert den Platz, an dem Prinz Charles Edward Stuart, besser bekannt als Bonnie Prince Charlie, am 19. August 1745 seine Standarte hissen ließ und auf diese Weise, stellvertretend für seinen Vater James Francis Edward Stuart, Anspruch auf den schottischen und damit zugleich auch auf den englischen und irischen Thron erhob. Dies war der förmliche Beginn des so genannten Zweiten Jakobiteraufstands, der im Jahr darauf, aller Euphorie und einigen anfänglichen Erfolgen zum Trotz, in einem beispiellosen Desaster endete.

Dass dieser Aufstand in Lochaber seinen Anfang nahm, war kein Zufall. Bonnie Prince Charlie war nämlich der Enkel des zum katholischen Glauben konvertierten und 1688 auf Grund seiner katholikenfreundlichen Politik gestürzten englischen Königs James II., der als James VII. zugleich König von Schottland war. Aus der ursprünglich schottischen Dynastie der Stuarts stammend hatten der entmachtete König und seine Nachkommen in Schottland besonders viele Anhänger. Diese wurden (in Anlehnung an die latinisierte Form von James) Jakobiter genannt – und Lochaber galt als ihr Kernland. Zugleich war Lochaber eines der Rückzugsgebiete für die in Schottland seit der Reformationszeit unterdrückten Katholiken. Der junge Prinz, der offenbar ebenso bonnie, also fesch, wie forsch war, wusste, dass er, wenn überhaupt, dann hier Unterstützung finden würde.

Neben zahlreichen Angehörigen des Clans MacDonald, insbesondere der in Lochaber beheimateten MacDonalds of Keppoch, schlossen sich ihm alsbald auch die Angehörigen anderer Clans in Scharen an, wobei deren politische und religiöse Motive keineswegs einheitlich waren. Die meisten von ihnen waren sogar Protestanten, darunter vor allem solche, die sich der staatlich verordneten religiösen Gleichförmigkeit verweigerten und darum derselben Unterdrückung ausgesetzt waren wie die Katholiken. Auch die mehr denn je in Schottland herrschende Armut ließ viele ins Lager der Jakobiter wechseln. Die soziale und weltanschauliche Vielfalt der Jakobiter war indes sowohl ihre Stärke als auch ihre Schwäche: Obwohl sie sich durchaus bewusst waren, dass sie ihr Ziel, wenn überhaupt, dann nur gemeinsam

Der überwiegende Teil des Glen Coe befindet sich seit 1935 unter der Obhut des National Trust of Scotland.

erreichen konnten, verfielen sie untereinander immer wieder in Argwohn, Missgunst und Streit.

Nicht einmal Bonnie Prince Charlie selbst scheint dagegen gefeit gewesen zu sein: Unter den vom Dichter und Schriftsteller Walter Scott zusammengetragenen Zeugnissen schottischer Geschichte, die bis heute in seinem (bei Melrose nahe der Grenze zu England gelegenen) Landsitz Abbotsford besichtigt werden können, befindet sich auch eine traditionelle Trinkschale, ein so genannter Quaich, der der Überlieferung nach aus dem Besitz des Prinzen stammt. Das gewöhnlich aus Holz oder Metall gefertigte Gefäß hat in diesem Fall einen gläsernen Boden, damit sein Besitzer auch dann, wenn er gerade einen Schluck Wasser oder Whisky daraus trank, sein Gegenüber im Blick behalten konnte. Am 16. April 1746 wurden die Jakobiter in der Schlacht von Culloden vernichtend geschlagen – und zwar nicht allein aufgrund der Übermacht ihrer Gegner, sondern auch infolge ihrer inneren Zerrissenheit.

Obwohl das Glen Coe, zumal im Sommer, selten menschenleer ist, verspürt man dort eine Art erfüllter Einsamkeit.

Diese Zerrissenheit hatte in Schottland eine traurige Tradition. Über Jahrhunderte hinweg war es zumal in den Highlands eher die Regel denn die Ausnahme, dass sich die Clans – sofern sie nicht gerade gemeinsam gegen den König oder zusammen mit dem König gegen die englischen Nachbarn kämpften – in verbissen gepflegter Feindschaft gegenüberstanden und gegenseitig befehdeten. Die seit der Reformationszeit bestehenden religiösen Differenzen und der bald darauf einsetzende sukzessive Verlust der schottischen Souveränität sorgten für weitere Spannungen, Konflikte und Tragödien. Ein besonders trauriges Beispiel dafür ereignete sich gut ein halbes Jahrhundert vor dem Zweiten Jakobiteraufstand, und zwar ebenfalls in Lochaber, näherhin im etwa 25 Kilometer südöstlich von Fort William gelegenen Glen Coe. Auch dort war der Clan MacDonald zu Hause, näherhin die MacDonalds von Glencoe.

Es war kein Geheimnis, dass deren Loyalität ebenso wie die manch anderer Clans mehr dem gestürzten König James als dessen Nachfolger galt, der als William III. über England und als William II. zugleich über Schottland herrschte. Um die angespannte Situation in den Griff zu bekommen, ließ der neue König den Chiefs der aufmüpfigen Clans das Angebot unterbreiten, im Gegenzug zu einem von ihnen bis zum Ende des Jahres 1691 abzulegenden Treueeid auf die andernfalls drohenden Strafmaßnahmen zu verzichten. Was der Clanchief der MacDonalds von Glencoe davon hielt, machte er deutlich, indem er sich erst am letztmöglichen Tag aufmachte, um den Eid abzulegen. Aufgrund eines Irrtums begab er sich allerdings zunächst an einen anderen als den dafür vorgesehen Ort, was zur Folge hatte, dass die Eidesleistung verspätet erfolgte. Dennoch war er der Meinung, den Vorgaben Genüge getan zu haben.

König William und seine Regierung sahen das jedoch anders. Möglicherweise kam ihnen die Sache sogar ganz gelegen: und zwar als Anlass, ein Exempel zu statuieren. Jedenfalls wurde kurz darauf ein größtenteils aus gebürtigen Schotten bestehendes Truppenkontingent nach Glen Coe entsandt. Da die Soldaten keinerlei feindliche Absicht erkennen ließen, wurden sie dort mit der in den Highlands üblichen Gastfreundschaft aufgenommen. Nachdem man noch am Vorabend miteinander gegessen, Whisky getrunken und Karten gespielt hatte, fielen die Soldaten am frühen Morgen des 13. Februar 1692 in Ausübung eines von König William persönlich gebilligten Geheimbefehls über ihre Gastgeber her und ermordeten 38 von ihnen. Danach steckten sie ihre Häuser in Brand, so dass von den Überlebenden in den folgenden Tagen noch einmal so viele, darunter vor allem Frauen und Kinder, der winterlichen Witterung zum Opfer fielen.

Selbst viele Schotten betrachten dieses Verbrechen, das so genannte Massaker von Glen Coe, als Schandfleck auf ihrer ansonsten gern mal ein wenig verklärten Geschichte. Dabei ist es allerdings weniger die Bluttat an sich, die als völlig unbegreiflich empfunden wird, als vielmehr der von gebürtigen Schotten an ihren eigenen Landsleuten begangene Verrat – und das noch dazu aufgrund eines im fernen London erteilten Befehls – sowie der scheinbar bedenkenlose Missbrauch des als geradezu heilig geltenden Gebots der Gastfreundschaft. Bei unaufgeregter Betrachtung erscheinen die damaligen Geschehnisse allerdings nicht mehr ganz so unbegreiflich, denn bei den Soldaten, die das Massaker von Glen Coe begangen haben, handelte es sich zwar tatsächlich größtenteils um Schotten, doch stammten die meisten von ihnen aus Clans, die mit dem der MacDonalds von Glencoe seit jeher zerstritten und verfeindet waren.

Insofern kommt man schwerlich umhin sich zu fragen, ob die Soldaten dem barbarischen Befehl auch dann Folge geleistet hätten, wenn dem nicht so gewesen wäre – mit anderen Worten ausgedrückt: wenn sich der Befehl für sie nicht nahezu nahtlos in eine jahrhundertelange Geschichte von Argwohn und Abneigung, von Hass und Hader, von Feindschaft und Vergeltung eingereiht hätte – was die Drahtzieher in London vermutlich nicht nur vorausgesehen, sondern ganz bewusst in ihr Kalkül miteinbezogen hatten. Nicht minder abwegig ist die Frage, ob Bonnie Prince Charlies tollkühnes Unternehmen, die Thronfolge seines gestürzten Großvaters wiederherzustellen, nicht anders ausgegangen wäre, wenn seine Getreuen untereinander mehr Zusammenhalt gezeigt hätten. So müßig solche Fragen im Blick auf die Vergangenheit auch sein mögen, so nützlich können sie im Blick auf die Zukunft sein.

Denn das, was man im Blick auf die Vergangenheit mit Unverständnis und Abscheu betrachtet, gehört in der Gegenwart vielerorts noch – und mitunter sogar mehr denn je – zum Alltag. In Schottland ist dies glücklicherweise längst nicht mehr in dem Maß der Fall wie früher, doch ließen sich genug andere Länder, Regionen und Orte anführen, wo Menschen lediglich aufgrund von Gewohnheit oder Tradition einander als Rivalen, Gegner und Feinde betrachten: sei es nun aufgrund ihrer Herkunft, ihres Aussehens oder ihrer Sprache, aufgrund ihrer Abstammung, ihrer Zugehörigkeit oder ihrer Überzeugungen, aufgrund dessen, wie sie leben, wen sie lieben oder – besonders unbegreiflich – woran sie glauben. Diese Neigung zur Ablehnung des jeweils anderen und zur gegenseitigen Abgrenzung ist wohl eine der schlimmsten Auswirkungen dessen, was im kirchlichen Sprachgebrauch als Ur- oder Erbsünde bezeichnet wird.

Nach biblischer Überlieferung handelt es sich dabei um eine unmittelbare Folge des Sündenfalls. Kaum, dass sich Adam und Eva gegen Gott aufgelehnt hatten und infolge dessen aus der ursprünglichen, paradiesischen Harmonie herausgefallen waren (Gen 3,1-24), wandten sich ihre beiden ältesten Söhne auch schon gegeneinander: Kain wurde von Abneigung gegenüber seinem jüngeren Bruder Abel erfasst; es wurde ihm „ganz heiß und sein Blick senkte sich“ (Gen 4,5). Bei nächster Gelegenheit „erhob sich Kain gegen Abel, seinen Bruder, und tötete ihn“ (Gen 4,8). Diese uralte Erzählung veranschaulicht, welche Folgen jene innere Zerrissenheit haben kann, von der die menschliche Natur zutiefst durchdrungen ist und die die Menschen nicht nur von Gott, sondern auch voneinander entfremdet. Von einer solchen Zerrissenheit geprägt ist aber nicht allein die menschliche Natur, sondern auch die Natur, die den Menschen umgibt.

In Lochaber kann man das auf selten eindrucksvolle Weise erleben: Die Region wird nämlich vom so genannten Great Glen durchschnitten, das auch Glen Albyn oder Glen More genannt wird. Da-

Loch Leven heißt nicht nur ein in der Region Fife gelegener See, sondern auch ein Seitenarm des Loch Linnhe.

bei handelt es sich um eine gewaltige geologische Verwerfung, die vom Moray Firth im Nordosten bis zum Loch Linnhe und schließlich zum Firth of Lorn im Südwesten reicht. Dazwischen liegen mehrere Seen, von denen der Loch Ness nicht nur der bekannteste, sondern auch der größte und tiefste ist. Seit 1822 sind die einzelnen Gewässer durch den Caledonian Canal miteinander verbunden und per

Schiff befahrbar. Entstanden ist das Great Glen durch die gegenläufige Bewegung zweier tektonischer Platten, deren nordwestliche sich nach wie vor in Richtung Nordosten schiebt, während die südöstliche in Richtung Südwesten driftet. Dies hat zur Folge, dass die Region bis heute immer wieder von Erdbeben erschüttert wird.

Wenn man an einem düsteren, verregneten Tag in Lochaber unterwegs ist, erscheint einem jedes der das Great Glen beiderseits durchziehenden Täler wie eine Welt für sich: labyrinthisch, eng, in sich verschlossen. Was jenseits der wolkenverhangenen Berge liegt, wirkt unvorstellbar weit entfernt, fremd und bedrohlich. Man ist froh, wenn man endlich sein Ziel erreicht hat, irgendwo unterkommt, eine Tür hinter sich zuziehen kann. Wenn das Wetter jedoch aufklart, ändert sich das Bild der Landschaft binnen kurzem komplett: Wolkenschatten huschen über blaugrün schimmernde Berghänge, Seen und Flüsse glitzern im Sonnenlicht, und vielleicht erhascht man sogar – was statistisch gesehen allerdings an gerade einmal fünfzig Tagen im Jahr möglich ist – einen Blick auf den Gipfel des Ben Nevis. Was vorher eintönig und beengend wirkte, erscheint mit einem Mal vielfältig und verlockend.

Genau diese landschaftliche Vielfalt ist es, die Lochaber zu einer der reizvollsten und touristisch attraktivsten Regionen ganz Schottlands macht. Was so viele Menschen an der schottischen Landschaft fasziniert und begeistert – ihre Urtümlichkeit und Rauheit, ihre Anmut und Idylle, ihre Erhabenheit und Harmonie – findet sich hier auf engstem Raum versammelt. Nirgendwo anders kommen sich Meeresküste und Hochgebirge so nahe wie in Lochaber. Selbst dort, wo sich – wie etwa am Glenfinnan Monument oder am Parkplatz gegenüber den so genannten Three Sisters, einer markanten Bergformation im Glen Coe – zumindest an halbwegs trockenen

Die Three Sisters gehören zu den markantesten Bergformationen im Glen Coe und sind ein beliebtes Fotomotiv.

Sommertagen ganze Scharen von Touristen einfinden, braucht man nur ein paar Schritte zu laufen, um sich, ganz unvermittelt, in nahezu vollkommener, aber keineswegs isolierter, sondern erfüllter Einsamkeit wiederzufinden.

So paradox es auch anmuten mag: In einsamer Landschaft fühlt man sich normalerweise nicht verloren, sondern geborgen, nicht im Abseits, sondern ganz im Einklang – und zwar im Einklang mit sich selbst, im Einklang mit der Schöpfung, im Einklang mit dem Schöpfer. Es ist darum ein großer Verlust, dass viele Menschen nurmehr im Ausnahmefall echte Landschaft erleben können. Sie erleben Asphaltwüsten, Häuserschluchten und Müllberge, aber nicht die ungezähmte, unverfälschte Natur in all ihrer Dynamik, Fülle und Kraft. Der Verlust der äußeren Landschaft aber verstellt oftmals den Blick auf die innere Landschaft, die Landschaft der Seele. Nach alter, keltischer Vorstellung wird der Lebensraum

des Menschen nämlich nicht nur von einer äußeren, sichtbaren Landschaft gebildet, sondern ebenso auch von einer inneren, unsichtbaren, aber nicht weniger wirklichen Landschaft, eben jener der Seele.

In der inneren Landschaft gibt es, wie in der äußeren, Höhen und Tiefen, Gipfel und Abgründe, Nahes und Fernes, Vertrautes und Fremdes. Vor allem aber gibt es immer wieder Neues zu entdecken – und zwar ein Leben lang. Dies ist allerdings nur dann der Fall, wenn (und insoweit) man sich aus der Enge des Bekannten, Gewohnten und Behaglichen herauswagt. Man lebt in der Regel nur in einem Teil der eigenen Seelenlandschaft. Vieles andere bleibt, aus Angst oder Bequemlichkeit, oft lange unentdeckt und unbekannt, wird gemieden, verschmäht, vielleicht sogar verachtet – nicht selten das ganze Leben über. Dabei gehören die unentdeckten Gegenden der Seelenlandschaft zum eigenen Leben unbedingt dazu; sie sind Teil der eigenen Persönlichkeit. Wer sie meidet, verschmäht oder gar verachtet, lebt sein Leben nur zum Teil, versagt sich vieler Möglichkeiten, verfehlt vielleicht sogar seine Bestimmung.

Auch in einem guten Whisky gibt es eine Art innere Landschaft zu entdecken. Nimmt man einen Whisky zu schnell und zu wenig achtsam zu sich, gewahrt man allenfalls das Naheliegende, das, was man erwartet, weil man es von anderen Whiskys her kennt, oder noch weniger, weil man bereits so abgestumpft ist, dass einem ohnehin alles gleichgültig ist. Das Besondere, Charakteristische, Originelle eines Whiskys bleibt einem in beiden Fällen verborgen. Um einen Whisky in seiner ganzen Dynamik, Fülle und Kraft zu erleben, muss man ihm genügend Zeit und Achtsamkeit widmen, muss ihm sowohl mit Beharrlichkeit als auch mit Geduld begegnen, muss sich gleichsam Schritt für Schritt in die Tiefe seiner inneren Landschaft hineinwagen. Selbst ein Whisky, den man längst zu kennen glaubt, vermag, wenn man nur beharrlich und geduldig genug ist, immer wieder neue Aus- und Einblicke zu offenbaren.

Das freilich ist kein Wunder. Ein guter Whisky, näherhin ein schottischer Single Malt Whisky, ist schließlich nicht nur das Produkt einer bestimmten Destillerie, sondern auch das Produkt der Region, in der sich die betreffende Destillerie befindet. Mit anderen Worten ausgedrückt: Er geht aus der jeweiligen Landschaft selbst hervor und trägt deren Züge. Nicht ohne Grund findet man in Whiskys aus den schottischen Lowlands in der Regel eher grasige und krautige Aromen, während Whiskys aus den Highlands oft an blühende Heide, Obst und Beeren erinnern. Besonders verblüffend ist es, wenn sich in einem Whisky, der in Küstennähe gebrannt und gelagert wurde, die Spuren von Seetang und Salzwasser entdecken lassen. Auch wenn sich die Wissenschaft mit Erklärungen nach wie vor schwer tut, ist ein Zusammenhang zwischen der Herkunft und den Aromen eines Whiskys nicht von der Hand zu weisen.

Wer schon einmal eine schottische Whisky-Destillerie besucht hat, wird sich, wann immer er einen in jener Destillerie entstandenen Tropfen im Glas hat, auch an den Ort erinnern, von dem er stammt, an die Landschaft, aus der er hervorgegangen ist. Und er wird etwas von dieser Landschaft in seinem Whisky wiederfinden, vor allem natürlich ihren Duft und Geschmack, aber auch ihre Formen, Farben und Geräusche. Das Verkosten eines Whiskys wird somit zu einer ebenso sinnlichen wie geistigen Reise, bei der die innere Landschaft eines Whiskys, also seine Dynamik, Fülle und Kraft, die äußere Landschaft, aus der er hervorgegangen ist, widerspiegelt. Und je mehr es in dieser inneren Landschaft zu entdecken und zu erleben gibt, desto besser! Die Komplexität eines Whiskys, also die Vielfalt seiner inneren Landschaft, ist nichts weniger als die Voraussetzung und der Maßstab des Genusses, den er zu bieten vermag!

Wenn dem so ist, kann das Erkunden der inneren Landschaft eines Whiskys ein wunderbares Hilfsmittel sein, sich immer wieder neu bewusst zu machen, wie wichtig und lohnend es ist, sich auch in die Weite der eigenen Seelenlandschaft hinauszuwagen, sich nicht mit dem Bekannten, Gewohnten und Bequemen zufriedenzugeben, sondern sich stets aufs Neue aufzumachen, um bislang unentdeckte, gemiedene oder gar gefürchtete Seelenorte und -gegenden aufzusuchen, sie näher kennenzulernen und sich als Teil des eigenen inneren Lebensraums zu erschließen. Und wenn man festgestellt hat, was es in einem selbst alles an Neuem, bislang Unbekanntem und Fremdem zu entdecken gibt, wird einem auch der Zugang zu anderen, bislang unbekannten und fremden Menschen leichter fallen – und zwar selbst dann, wenn man sie bislang gleichfalls gemieden oder gar gefürchtet hat.

Vom Whisky kann man lernen, dass Vielfalt keine Gefahr und Andersartigkeit keine Bedrohung darstellt. Im Gegenteil: Vielfalt ist die Voraussetzung für Freiheit, denn nur, wer sich nicht auf das Naheliegende und Bekannte beschränkt, wer möglichst viel oder sogar alles kennt, hat die Wahl, und nur, wer die Wahl hat, ist wirklich frei. Erfreulicherweise bietet schottischer Single Malt Whisky – und zwar nicht nur in seiner Gesamtheit, sondern auch in jeder einzelnen seiner zahllosen Ausprägungen – eine immense Vielfalt, die nahezu jeder Vorliebe und jedem Verlangen zu entsprechen vermag. Wer seinen Whisky noch nicht gefunden hat, hat schlichtweg noch nicht genug probiert. Keinesfalls außer Acht lassen sollte man dabei die Ben Nevis Distillery; die hier produzierten Whiskys gehören zwar nicht zu den bekanntesten und erst recht nicht zu den gefälligsten, wohl aber zu den eigenwilligsten und unverwechselbarsten.

Das aber dürfte auch ihrer einzigartigen Lage zwischen Meeresküste und Hochgebirge geschuldet sein. Mit einem Whisky von Ben Nevis hat man die vielfältige und eben darum so überaus reizvolle Landschaft von Lochaber quasi in destillierter Form im Glas – aber nicht nur das, sondern zudem auch noch die mitunter ebenso leidvolle wie lehrreiche schottische Geschichte, näherhin die Geschichte des Clans MacDonald. Es war nämlich ein Angehöriger dieses Clans, der die Ben Nevis Distillery im Jahr 1825 gegründet hat: John MacDonald, der aufgrund seiner bemerkenswerten Körpergröße auch Long John genannt wurde. Seine Gründung war eine der ersten Destillerien in den schottischen Highlands, die nach der 1823 erfolgten Senkung der bis dahin unverhältnismäßig hohen Besteuerung der Whiskyherstellung mit staatlicher Genehmigung erbaut und betrieben werden konnten *(siehe Aberlour & Mortlach)*.

Nach den Jakobiteraufständen hatte sich die Lage der Schotten im (inzwischen) Vereinigten Königreich nicht nur nicht verbessert, sondern sogar drastisch verschlechtert. Vieles von dem, was als typisch schottisch galt, war verboten oder zumindest erschwert worden – darunter auch die Whiskyherstellung. Zu Beginn des 19. Jahrhunderts setzte jedoch ein allmähliches Umdenken ein: Man erkannte, und zwar auf beiden Seiten, dass das gegenseitige Misstrauen und die anhaltende Konfrontation niemandem nützte. 1822 reiste König George IV. als erster britischer Monarch seit nahezu zwei Jahrhunderten nach Schottland, wo er nicht nur freundlich aufgenommen, sondern, nachdem er im Kilt aufgetreten und Gefallen am Whisky gezeigt hatte, sogar bejubelt wurde. Die längst überfällige Senkung der mit der Whiskyherstellung einhergehenden Besteuerung war danach nurmehr eine Frage der Zeit.

Sowohl aufgrund ihrer landschaftlichen Lage als auch aufgrund ihrer Geschichte kann die Ben Nevis Distillery somit als eine Art Mahnmal betrachtet werden: als Mahnmal wider jene Zerrissenheit, die (als eine Folge der so genannten Ur- oder Erbsünde) die Seele eines jeden Menschen durchzieht und ihn, allem guten Willen und allen schlechten Erfahrungen zum Trotz, immer wieder mit Gott, seinen Mitmenschen und sich selbst entzweit. Passenderweise findet sich sowohl auf den Flügeln des Eingangstores der Destillerie als auch auf den Verpackungen vieler der hier entstandenen Whiskys das Wappen des Clans MacDonald. Es zeigt eine rote Hand, die ein (mal goldenes, mal ebenfalls rotes) Kreuz umschließt und emporhält. Es erinnert daran, dass Jesus Christus von Gott in die Welt gesandt wurde, um „alles auf ihn hin zu versöhnen", und dass er „Frieden gestiftet hat am Kreuz durch sein Blut" (Kol 1,20). ▮

MORTLACH

Mortlach Distillery & Mortlach Parish Church

Die Mortlach Distillery liegt am Ufer eines Baches namens Dullan; dieser Bach mündet bei Dufftown in den Fluss Fiddich, der wiederum einen Zufluss des Spey bildet.

Kirktown of Mortlach, Dufftown, Moray

„Rome was built on seven hills, Dufftown stands on seven stills" – so lautet ein Ende des 19. Jahrhunderts aufgekommenes und noch heute gern zitiertes Sprichwort, das die sieben Hügel, auf denen die einstige Hauptstadt des Römischen Weltreichs erbaut wurde, mit den sieben Brennblasen einer nicht einmal 2000 Einwohner zählenden Ortschaft im Nordosten Schottlands vergleicht. Das mag dem, der es zum ersten Mal hört oder liest, vermutlich recht gewagt vorkommen. Doch ist Dufftown tatsächlich eine Hauptstadt – und zwar die Hauptstadt nicht nur eines Weltreichs, sondern gleich einer ganz eigenen Welt: der Welt des Whiskys! Dies ist umso mehr der Fall, als das Sprichwort die Bedeutung Dufftowns eigentlich sogar noch untertreibt: Zur Zeit seiner Entstehung gab es dort nämlich nicht nur sieben Brennblasen, sondern sieben Destillerien, die zusammen über mehr als doppelt so viele Brennblasen verfügten!

Von diesen sieben Destillerien existieren heute noch fünf: Mortlach, Glenfiddich, Balvenie, Dufftown und Glendullan. Die beiden anderen – Convalmore und Parkmore – wurden zu jeweils unterschiedlichen Zeiten stillgelegt, ebenso wie die später gegründete Pittyvaich Distillery. Zusammen mit der ebenfalls später gegründeten und nach wie vor in Betrieb befindlichen Kininvie Distillery gibt es in Dufftown also derzeit sechs aktive Whisky-Destillerien. Die älteste von ihnen ist die Mortlach Distillery. Sie wurde bereits 1823 gegründet und ist damit nicht nur mehr als sechs Jahrzehnte älter als alle anderen in Dufftown je gewerblich betriebenen Destillerien, sondern gehört sogar zu den ältesten Destillerien überhaupt, die nach der kurz zuvor erfolgten Senkung der bis dahin unverhältnismäßig hohen Besteuerung der Whiskyherstellung in den schottischen Highlands entstehen konnten *(siehe Aberlour & Lochaber)*.

Die Mortlach Distillery ist damit nur wenig jünger als Dufftown selbst. Geplant und errichtet wurde die durch schachbrettartig verlaufende Straßen gegliederte Ortschaft ab dem Jahr 1815, und zwar auf Initiative von James Duff, dem vierten Earl of Fife, nach dem sie auch benannt wurde. Seine Absicht war es, ehemaligen Soldaten, insbesondere solchen, die, wie er selbst, in den kurz zuvor mit der Schlacht von Waterloo zu Ende gegangenen Napoleonischen Kriegen gekämpft hatten, ein neues und dauerhaftes Zuhause zu schaffen. Die Ursprünge Dufftowns

In der Mortlach Distillery wird ein in Schottland einmaliges, nämlich teilweise dreifaches Brennverfahren praktiziert.

sind allerdings älter – und zwar bedeutend älter. Sie liegen in Kirktown of Mortlach, einer südlich des heutigen Ortszentrums gelegenen und auf den ersten Blick betrachtet eher unscheinbaren Siedlung, deren frühere Bedeutung allerdings allein schon darin zum Ausdruck kommt, dass Dufftowns älteste Destillerie nach ihr benannt wurde.

Die Siedlung wiederum hat ihren Namen von der an ihrem südlichen Rand gelegenen Mortlach Parish Church, die von den Einheimischen auch Mortlach Kirk genannt wird. Sie gehört, auch wenn man dies aufgrund ihrer bescheidenen Größe und ihres unscheinbaren Äußeren kaum vermuten würde, zu den ältesten christlichen Gotteshäusern ganz Schottlands! Die erste Kirche an dieser Stelle entstand nämlich bereits im ausgehenden 6. Jahrhundert. Aus dieser Zeit dürften sich allerdings kaum mehr als ein paar Fundamente erhalten haben, da sie im Verlauf ihrer bewegten Geschichte mehrfach großzügig umgebaut und renoviert wurde. Sie bildete einst das Zentrum eines Klosters, das ursprünglich wohl nur aus ein paar einzelnen, kleinen Gebäuden bestand, im Mittelalter zu einer kompakten Klosteranlage ausgebaut wurde und heute nahezu vollständig verschwunden ist.

Gegründet wurde dieses Kloster vom heiligen Moluag, der ursprünglich aus Irland stammte und Lugaidh hieß; Moluag war entweder sein Mönchs- oder ein von Kindheit an geläufiger Kosename. Er wurde zwischen 510 und 530 geboren und war somit ein Zeitgenosse und vielleicht sogar ein zeitweiliger Gefährte des um 521 ebenfalls in Irland geborenen heiligen Kolumban *(siehe Iona)*. Zugleich war er allerdings auch dessen Konkurrent. Genau wie Kolumban hatte Moluag in jungen Jahren eine exzellente Ausbildung erfahren und in seiner Heimat mehrere Klöster gegründet, bevor er die Berufung verspürte, den christlichen Glauben im damals noch weitgehend heidnischen Schottland zu verkünden. Das alles wäre nun nicht weiter problematisch gewesen, wenn sich die beiden nicht auch charakterlich allzu ähnlich gewesen wären: Beide waren nämlich geborene Führungspersönlichkeiten – willensstark, tatkräftig und zielstrebig.

Erschwerend kam noch hinzu, dass Kolumban dem in Irland von alters her ebenso angesehenen wie mächtigen Clan der Uí Néil angehörte, während Moluag dem aufstrebenden und insofern rivalisierenden Clan der Dál Aride entstammte. Ob es zwischen den beiden je zu Differenzen, Auseinandersetzungen oder gar zum Bruch kam, ist nicht überliefert. In Schottland gingen sie jedenfalls getrennte Wege: Während der heilige Kolumban im Jahr 563 auf der kleinen Hebrideninsel Iona ein Kloster gründete, das sich bald zu einem der bedeutendsten geistlichen Zentren der Britischen Inseln entwickelte, gründete Moluag nur wenig später ein eigenes Kloster – und zwar auf der nur etwa 50 Kilometer entfernten, inmitten des Loch Linnhe gelegenen Insel Lismore. Beide wirkten also zur selben Zeit in derselben Gegend mit demselben Ziel, aber offenbar eher neben- als miteinander.

Diese Situation erinnert ein wenig an die Apostel Petrus und Paulus: Die beiden gelten als die herausragenden Führungspersönlichkeiten der frühen Kirche; gewöhnlich werden sie in der Liturgie zusammen gefeiert und in der Kunst als unzertrennlich dargestellt. Doch waren sie keineswegs immer „ein Herz und eine Seele" (Apg 4,32). Vorübergehend kam es sogar einmal zu einer ernsthaften Auseinandersetzung zwischen den beiden (Gal 2,11-21). Ansonsten arbeiteten sie zwar nicht gegeneinander, aber auch nicht miteinander. Sie gingen sich, so scheint es zumindest, lieber aus dem Weg – und vielleicht war das auch besser so: und zwar für sie selbst ebenso wie für die junge Kirche. Denn nichts wäre ihrer Sendung abträglicher gewesen als Streit oder gar Spaltung. Allerdings kommt man in diesem Zusammenhang kaum umhin zu fragen, ob es anders, nämlich gemeinsam, nicht noch besser, weil christlicher gewesen wäre.

Richtig ist, dass Christus von denen, die zu ihm gehören und in seinem Sinn handeln wollen, erwartet, dass sie „einander lieben" (Joh 13,34). Dass sie einander auch mögen, hat er hingegen nicht verlangt. Einander zu lieben bedeutet nicht unbedingt, einander auch sympathisch zu finden. Niemand kann mit allen Menschen gleich gut auskommen, allen gleichermaßen zugetan sein, alle ohne Unterschied lieben. Nicht einmal Jesus hat das getan: Obwohl er „die Seinen liebte" (Joh 13,1), liebte er einen unter ihnen offenbar mehr oder anders als die anderen, denn sonst hätte in der Bibel wohl kaum eigens betont werden müssen, dass dieser – der Überlieferung nach Johannes – der sei, „den Jesus liebte" (Joh 19,26). Und umgekehrt kann es manchmal besser sein, wenn Menschen, die, warum auch immer, nicht miteinander klarkommen, sich einfach aus

In den einsamen Tälern und Hügeln um Dufftown verrichteten früher zahlreiche Schwarzbrenner ihr Handwerk.

dem Weg gehen – und zwar nicht im Zwist, sondern um Zwist zu vermeiden.

Das scheint bei Petrus und Paulus nicht anders gewesen zu sein als bei Kolumban und Moluag. Ihre christliche Haltung und letztlich auch ihre Liebe zeigte sich darin, dass sie die Eigenständigkeit des jeweils anderen respektierten, dass sie einander weder schlechtmachten noch bekämpften, sondern als Ergänzung und Bereicherung ihres eigenen Wirkens betrachteten. Und in beiden Fällen erwies sich die Einsicht, besser nicht gemeinsam, sondern unabhängig voneinander für dieselbe Sache zu wirken, als überaus fruchtbar. Moluags Klostergründung auf der Insel Lismore stand nämlich von Anfang an im Schatten von Iona. So machte sich der Heilige nach einiger Zeit auf, um weitere klösterliche Missionszentren zu gründen – und zwar diesmal weit weg von Iona, auf dem schottischen Festland. Das erste

dieser Zentren entstand hoch im Norden, in Rosemarkie auf der Black Isle genannten Halbinsel nördlich des Moray Firth.

Doch auch damit gab sich Moluag noch nicht zufrieden. Irgendwann nach 566 gründete er im Nordosten Schottlands ein weiteres klösterliches Missionszentrum – und zwar in Mortlach. Den Ort wählte er wohl vor allem aufgrund seiner günstigen Lage, doch dürfte dies nicht der einzige Grund gewesen sein: Etwas oberhalb des für den Klosterbau auserkorenen Areals gab (und gibt) es nämlich eine Quelle, die von der zunächst noch heidnischen Bevölkerung seit unvordenklicher Zeit als heilig angesehen wurde. Indem er hier, an dieser Quelle, den christlichen Glauben verkündete und denen, die darum baten, die Taufe spendete, konnte Moluag an eine bereits bestehende Tradition anknüpfen und dieser zugleich eine neue, christliche Bedeutung verleihen: So wie das Quellwasser den menschlichen Leib zu beleben vermag, vermag das Wasser der Taufe der menschlichen Seele neues, ewiges Leben zu verleihen.

Aufgrund ihrer Verbindung zum heiligen Moluag wird jene Quelle bis heute auch Simmerluack's Well genannt – wobei es sich offenkundig um eine Verballhornung von St. Moluag's Well handelt. Weitaus geläufiger ist jedoch die Bezeichnung Priest's Well, die ebenfalls auf das Wirken des heiligen Moluag sowie vielleicht auch der Priester des von ihm gegründeten Klosters Bezug nehmen dürfte. Die besondere Qualität ihres Wassers wurde der Quelle später freilich zum Verhängnis. In seinem 1887 erstmals erschienenen und seither vielfach neu aufgelegten Buch über „The Whisky Distilleries of the United Kingdom" berichtet Alfred Barnard, dass das von der Mortlach Distillery genutzte Wasser zumindest teilweise aus dem berühmten Priest's Well komme und von exzellenter Qualität sei. Als Folge davon war die Quelle schon damals gefasst worden und ist bis heute unter einer unschönen Einhausung verborgen.

Das vom heiligen Moluag gegründete Kloster entwickelte sich mit der Zeit nicht nur zu einem bedeutenden geistlichen, sondern auch zum organisatorischen Zentrum der Kirche in den nordöstlichen Highlands. Im 11. Jahrhundert – der nicht einheitlichen Quellenlage zufolge entweder um 1011 oder kurz nach 1063 – wurde es vorübergehend sogar zum Bischofssitz und die Klosterkirche somit zur Kathedrale. Im 12. Jahrhundert oder etwas später – auch diesbezüglich ist die Quellenlage widersprüchlich – wurde der Bischofssitz jedoch in die aufstrebende Metropole Aberdeen verlegt. Das Kloster in Mortlach bestand indes weiter bis zur Reformation: Nachdem im Jahr 1560 der Katholizismus durch Parlamentsbeschluss verboten und der Protestantismus

Das unscheinbare Äußere der Kirche von Mortlach lässt ihre außerordentliche historische Bedeutung kaum erahnen.

zur Staatsreligion erklärt worden war, wurde es – ebenso wie alle anderen Klöster in Schottland – aufgelöst und zerstört.

Dass die vormalige Klosterkirche nicht auch zerstört wurde, liegt daran, dass sie seither als protestantische Pfarrkirche genutzt wird. Im Kern dürfte das heutige Kirchengebäude im 11. Jahrhundert entstanden sein, also etwa zu der Zeit, als es zur Kathedrale erhoben wurde. Eine erste grundlegende Renovierung erfolgte im 13. Jahrhundert. Aus dieser Zeit stammen unter anderem die auffällig breiten Einfassungen der drei lanzettförmigen Fenster hinter dem Altar. Weitere Renovierungen erfolgten im 19. und 20. Jahrhundert, wobei der schlichte, rechteckige Hauptraum auf beiden Seiten durch Anbauten erweitert wurde. Von der mittelalterlichen Innenausstattung der Kirche ist nichts erhalten; ihre heutige Einrichtung geht im Wesentlichen auf die 30er Jahre des 20. Jahrhunderts zurück. Insofern ist es nicht ganz so bedauerlich, dass die Kirche häufig verschlossen bleibt und nur von außen besichtigt werden kann.

Jederzeit besichtigen kann man hingegen den sogenannten Battle Stone, einen 1,75 Meter hohen

Durch seine Destilleriegründungen wurde William Grant zum Stammvater einer der bedeutendsten Whiskydynastien.

Piktischen Symbolstein, der sich inmitten des unterhalb der Kirche gelegenen Friedhofs erhebt und mit einem Kreuz, einem Reiter sowie verschiedenen Tierdarstellungen verziert ist. Die örtliche Überlieferung bringt den Piktenstein von Mortlach mit einer in der Nähe des Klosters ausgetragenen Schlacht in Verbindung, durch die König Malcolm II. im Jahr 1010 dem Vordringen marodierender Wikinger Einhalt gebot. Tatsächlich dürfte der Stein aber älter sein. Ein weiterer, vielleicht sogar noch älterer Piktenstein wurde 1925 bei Grabungsarbeiten auf dem Friedhofsgelände gefunden und befindet sich heute innerhalb der Kirche. Beide Steine gehören zu den wenigen erhaltenen Zeugnissen der einst vor allem im Norden und Nordosten Schottlands beheimateten piktischen Kultur mit ihrer geheimnisvollen Symbol- und Bildersprache.

Wenn man schon einmal auf dem alten Friedhof von Mortlach unterwegs ist, sollte man es, zumal als Whiskyliebhaber, nicht versäumen, auch noch das Familiengrab einer der bedeutendsten schottischen Whiskydynastien aufzusuchen: das der Familie William Grant, in deren Besitz sich nicht weniger als drei der in Dufftown ansässigen Destillerien befinden, nämlich die 1886 gegründete Glenfiddich Distillery, die sieben Jahre später in Betrieb gegangene Balvenie Distillery sowie die erst 1990 hinzugekommene Kininvie Distillery. Zumindest die beiden erstgenannten, am nördlichen Ortsrand von Dufftown gelegenen Destillerien kann man normalerweise auch besichtigen – im Unterschied zur Mortlach Distillery, deren Tore Besuchern in der Regel ebenso verschlossen bleiben wie die der unmittelbar südlich des alten Friedhofs gelegenen Dufftown Distillery. Dasselbe gilt auch für die Glendullan Distillery.

Damit William Grant seinen Lebenstraum verwirklichen und eine (erste) eigene Destillerie gründen konnte, musste er zunächst seinen sicheren und alles andere als schlecht bezahlten Job in der Mortlach Distillery aufgeben, wo er seit 1866 tätig gewesen war. Damit das Kloster Mortlach entstehen konnte, musste der heilige Moluag nicht nur die Geborgenheit seiner Heimat verlassen, sondern sich auch vom bereits fest etablierten Missionswerk des heiligen Kolumban absetzen. Damit die christliche Urgemeinde zur Weltkirche werden konnte, musste sich der Apostel Paulus gegen den Apostel Petrus durchsetzen und neben ihm behaupten. Im menschlichen Leben und Miteinander ist es mitunter wie beim Whisky: Wirklich Großes und Gedeihliches bedarf nicht unbedingt vollendeter Harmonie, sondern entsteht oft gerade erst aus einer gewissen Spannung heraus, die es folglich nicht zu fürchten, sondern zuzulassen und auszuhalten gilt. ▌

PLUSCARDEN

Pluscarden Abbey & Miltonduff Distillery

Gerade weil man den Klostergebäuden die Spuren ihrer langen und bewegten Geschichte nach wie vor ansehen kann, zeugen sie von großer Lebens- und Glaubenskraft.

Pluscarden, Elgin, Moray

Neben Dufftown *(siehe Mortlach)* gilt Elgin, die Hauptstadt des Verwaltungsbezirks Moray, als die zweite Whisky-Metropole der Speyside, wenn nicht ganz Schottlands. Einmal abgesehen davon, dass hier der bedeutendste unabhängige Abfüller schottischen Whiskys, das Traditionsunternehmen Gordon & MacPhail, seinen Stammsitz hat, gibt es im näheren Umkreis von Elgin nicht weniger als acht Whisky-Destillerien: Während die Glen Moray Distillery im Westen der Stadt liegt, verteilen sich die Destillerien BenRiach, Glen Elgin, Glenlossie, Linkwood,

Longmorn und Mannochmore auf ihr südliches Umland. Eine Destillerie fehlt allerdings in dieser Auflistung: die Miltonduff Distillery. Man erreicht sie, wenn man die Stadt in südwestlicher Richtung verlässt, und zwar auf einer Straße, die, je weiter man vorankommt, desto mehr den Eindruck erweckt, als würde sie sich gleich in der Einsamkeit verlieren.

Die Miltonduff Distillery gehört weder zu den größten noch zu den berühmtesten schottischen Destillerien, blickt jedoch auf eine bemerkenswerte Geschichte zurück. Gebrannt wird an dieser Stelle zwar erst seit 1824, gebraut aber schon seit dem Mittelalter. Der Überlieferung nach befand sich genau dort, wo heute die Destillerie steht, das Brauhaus des nahe gelegenen Benediktinerklosters Pluscarden. Dieses Benediktinerkloster existiert noch immer – genauer ausgedrückt: es existiert wieder –, und zwar als einziges in ganz Schottland. Wie nirgendwo sonst kann man darum hier der uralten Verbindung von Spiritualität und Spirituose nachspüren. Diese Verbindung ist – obwohl sich die Destillerie nie im Besitz des Klosters befand –, nach wie vor lebendig. Davon zeugen allein schon die stolzen Hinweise auf so mancher Whiskyflasche und -verpackung, deren Inhalt aus den Brennblasen von Miltonduff hervorgegangen ist.

Um von der Destillerie zum Kloster zu gelangen, muss man nichts anderes tun als der Straße weiter zu folgen, die nach wie vor, ja sogar immer mehr den Eindruck erweckt, als würde sie sich gleich in der Einsamkeit verlieren. Doch irgendwann taucht rechts der Straße ganz plötzlich ein grauer, von alten Bäumen umringter Turmstumpf auf: der Vierungsturm der Klosterkirche. Wenn man schließlich den Black Burn genannten Bach überquert, die aus dem 19. Jahrhundert stammende Pförtnerloge passiert und die Reste der alten Klostermauern hinter sich gelassen hat, steht man unvermittelt vor dem ebenso

Der Regel des heiligen Benedikt zufolge soll im klösterlichen Leben dem Gottesdienst nichts vorgezogen werden.

schlichten wie imposanten Gotteshaus. Man tut gut daran, hier erst einmal innezuhalten und die Mystik dieses Ortes auf sich wirken zu lassen, eines Ortes, der aus der Zeit gefallen zu sein scheint – oder besser: an dem der Zeit, wenn überhaupt, dann nur geringe Bedeutung zukommt.

Gegründet wurde das Kloster um 1230 vom schottischen König Alexander II., und zwar als Priorat der Valliscaulaner oder Kauliten, einem heute nicht mehr existierenden Reformzweig des Benediktinerordens. Abgesehen von ihren weißen Gewändern und einer besonders strengen Auslegung der auf den heiligen Benedikt zurückgehenden Ordensregel unterschieden sich die Valliscaulaner von den meisten anderen Zweigen des Benediktinerordens vor allem dadurch, dass den einzelnen Klöstern nie mehr als zwanzig Mönche angehörten. Insofern zählte Pluscarden stets zu den eher kleinen, weniger bedeutenden Klöstern Schottlands, im Unterschied etwa zu den Abteien in Dunfermline *(siehe Dunfermline)* oder auf der Insel Iona *(siehe Iona)*. Das gilt auch für die Klostergebäude einschließlich der Kirche, die bald nach der Gründung erbaut, im 14. und

Wie das damalige Priorat Pluscarden wurde auch die Kathedrale von Elgin infolge der Reformation zerstört.

15. Jahrhundert aber mehrfach umgestaltet und erneuert wurden.

Wie ausnahmslos alle schottischen Klöster wurde auch das Kloster von Pluscarden im Zuge der Reformation aufgelöst und enteignet. Zerstört wurde es zunächst aber nicht, da man den letzten Mönchen, wie es scheint, zugestand, ihr klösterliches Leben bis zu ihrem Tod weiterzuführen. Danach allerdings verfielen die nun weitgehend ungenutzten Klostergebäude und wurden zeitweilig sogar als Steinbruch genutzt. Eine Wende trat erst ein, als das ehemals klösterliche Anwesen im Jahr 1897 in den Besitz von John Crichton-Stuart, dem dritten Marquess of Bute, gelangte, der einige Jahre zuvor katholisch geworden war. Er sorgte zumindest dafür, dass die Klostergebäude, soweit sie noch vorhanden waren, nicht weiter verfielen. Sein jüngster Sohn, Lord Colum Crichton-Stuart, der das Anwesen von seinem Vater geerbt hatte, schenkte es im Jahr 1943 den Benediktinern von Prinknash.

Bei den Benediktinern von Prinknash handelt es sich um eine Gemeinschaft, die ursprünglich in der anglikanischen Kirche beheimatet war und 1913 geschlossen zur katholischen Kirche übertrat. Ihr zuvor auf der walisischen Insel Caldey angesiedeltes Kloster wurde 1928 nach Prinknash im englischen Gloucestershire verlegt. Von hier aus kamen 1948 die ersten Mönche nach Pluscarden und begannen damit, die Ruinen von Kloster und Kirche wieder aufzubauen. Die Gemeinschaft wuchs und festigte sich rasch, sodass das Kloster 1966 seine Unabhängigkeit von Prinknash erlangte. 1974 wurde es – erstmals in seiner gesamten Geschichte – zur Abtei erhoben. Anfangs waren von der nunmehrigen Abteikirche nur der Turm und das Querschiff wiederhergestellt worden. Nachdem schließlich auch der frühere Altarraum und jetzige Mönchschor wiederhergestellt war, konnte die Kirche 2015 neu geweiht werden.

Von dieser bewegten, mitunter sogar dramatischen Geschichte merkt man wenig, wenn man Pluscarden Abbey endlich erreicht hat. Der Friede, den dieser Ort ausstrahlt, ist beinahe körperlich zu spüren. Erst wenn man die Kirche umrundet sieht man, dass sie nach wie vor ein Torso ist: das einstige Langhaus ist, abgesehen von wenigen Fundamentresten, vollständig verschwunden. Auch im Innern sind die Spuren der Geschichte nicht zu übersehen: Manches ist alt, manches neu, manches Provisorium. Augenfälligster Schmuck der ansonsten eher schlichten Architektur sind die farbenprächtigen Glasmalereien. Sie entstanden im Zuge des Wiederaufbaus und wurden größtenteils von einem Mönch des Klosters, Br. Gilbert Taylor, geschaffen. Von der mittelalterlichen Ausstattung haben sich lediglich drei steinerne Sedilien sowie ein von zwei knienden Engeln flankiertes Sakramentshaus im jetzigen Mönchschor erhalten.

Aber das, was Pluscarden Abbey zu etwas Besonderem, ja Einmaligen macht, ist ohnehin nicht baulicher oder künstlerischer Art. Nicht einmal die

Die farbenprächtigen Glasmalereien tragen maßgeblich zur mystischen Atmosphäre im Inneren der Klosterkirche bei.

Tatsache, dass Pluscarden Abbey das einzige Benediktinerkloster in ganz Schottland ist und zudem der einzige mittelalterliche Klosterkomplex in ganz Großbritannien, der nach wie vor – genauer ausgedrückt: wieder – seiner ursprünglichen Bestimmung entsprechend genutzt wird, vermag zu erklären, was diesen Ort so besonders, ja einmalig macht. Wahrscheinlich ist es so, dass das Besondere, ja Einmalige dieses Ortes in der Gesamtheit dessen besteht, was ihn ausmacht, das heißt in der Gesamtheit seiner wechselvollen Geschichte, seiner abgeschiedenen Lage, seiner bruchstückhaften Architektur, seiner spirituellen Bestimmung, seiner zeitlosen Atmosphäre. Insbesondere letzterer vermag man sich kaum zu entziehen, wenn man, aus welchen Gründen auch immer, hierher kommt.

Das gilt umso mehr dann, wenn man die Gelegenheit hat, während des Besuchs in Pluscarden Abbey am Chorgebet der Mönche teilzunehmen. Fünfmal täglich – sonn- und feiertags sogar siebenmal – versammeln sie sich im Chorgestühl der Abteikirche zum gemeinsamen Gebet, das sie gemäß der Tradition des Benediktinerordens in der Form des so genannten Gregorianischen Chorals verrichten, das heißt nach uralten Melodien in lateinischer Sprache singen. Der Gregorianische Choral, so die Intention und Erfahrung der Mönche, verbindet sie mit den vielen Menschen auf der ganzen Welt, die auf dieselbe Weise, mit exakt denselben Worten und Melodien, beten – und darüber hinaus mit all jenen, die in der Vergangenheit – ob in Pluscarden oder wo auch immer – auf dieselbe Weise gebetet haben oder in Zukunft beten werden. Mit anderen Worten ausgedrückt: Der Gregorianische Choral macht ihr Gebet zeitlos.

Ist das nicht eine Erfahrung, die man ganz ähnlich auch beim Whiskygenuss machen kann? Es ist schließlich derselbe Whisky, aus derselben Destillerie, vielleicht sogar aus demselben Fass, der Menschen zu ganz unterschiedlichen Zeiten an ganz unterschiedlichen Orten Genuss bereitet. Ähnlich wie das Gebet Menschen miteinander verbinden kann, kann auch der Genuss Menschen miteinander verbinden – und zwar ebenfalls ganz unabhängig von Ort und Zeit. Wenn auch auf ihre je eigene, unverwechselbare Weise, können Gebet und Genuss somit zu einer spirituellen Erfahrung werden, zumal sie Menschen nicht nur miteinander, sondern auch mit Gott zu verbinden vermögen: Wie das Gebet die Seele in Ehrfurcht, Dankbarkeit und Anbetung Gott zuwendet, vermag der Genuss dasselbe zu bewirken, indem er daran erinnert, dass Gott der Ursprung und das Ziel sowohl des Lebens als auch der Lebensfreude ist.

Dies ist umso mehr der Fall, als jeder Whisky aus einer fernen, längst vergangenen Zeit stammt: Mindestens drei Jahre ist es her, dass er destilliert wurde. Im Unterschied zu fast allen anderen Lebens- und Genussmitteln ist es für Whisky kein Qualitätskriterium, möglichst neu, möglichst jung, möglichst frisch zu sein – im Gegenteil: Das Alter, die Konsequenz der Zeit, ist beim Whisky weder Bedrohung

noch Plage und erst recht kein Makel, sondern macht ihn überhaupt erst zu dem, was er ist und sein soll. Ein Whisky ist gleichsam seinem Wesen nach aus der Zeit gefallen – und gerade deswegen zeitlos, zeitlos kostbar, zeitlos köstlich. Für Pluscarden Abbey gilt dies ebenfalls: Nicht zuletzt dadurch, dass die Mönche hier fast genau so leben und beten, wie es ihre Vorgänger vor hunderten von Jahren getan haben und ihre Nachfolger hoffentlich noch lange tun werden, erscheint dieser Ort so besonders, so einmalig, so kostbar.

Wenn man hierherkommt, sollte man unbedingt Zeit mitbringen, genügend Zeit, um zu erleben, zu spüren, ja, zu verkosten, dass der Zeit hier, so scheint es zumindest, geringere Macht zukommt als anderswo. Dabei verrinnt die Zeit hier keineswegs langsamer und geht, wie an jedem anderen Ort, mit Vergänglichkeit einher. Doch hier, wo das Leben einer Ordnung folgt, die sich in Jahrhunderten kaum verändert hat, wo die Stille höchstens durch das Läuten der Glocken oder das Blöken von Schafen unterbrochen wird, wo weder Medien noch Moden den Ton angeben und jede Hektik ins Leere läuft, da wird die Zeit gleichsam durchlässig für die Ewigkeit. An einem Ort wie diesem erlebt man die Zeit nicht als Verneinung, sondern als Vorgeschmack der Ewigkeit und die Vergänglichkeit nicht als Bedrohung, sondern als Bedingung des Lebens – und zwar des ewigen Lebens, des Lebens in „Freiheit und Herrlichkeit" (Röm 8,21).

Um diese Erfahrung zu machen, muss man jedoch nicht zwangsläufig Pluscarden Abbey aufsuchen, geschweige denn dort verweilen. Diese Erfahrung ist weder an einen bestimmten Ort gebunden noch auf eine bestimmte Zeit beschränkt. Einen Vor-

Dem Ideal des Benediktinerordens zufolge sollen im klösterlichen Leben Gebet und Arbeit im Einklang stehen.

geschmack der Ewigkeit, einen Vorgeschmack jenes herrlichen, weil von der Vergänglichkeit befreiten ewigen Lebens, vermag letztlich alles zu bieten, was die Zeit, zumindest für eine Weile, in Vergessenheit geraten lässt. Eine, wenn überhaupt, dann nur im ersten Moment vielleicht ein wenig abwegig erscheinende Möglichkeit, diese Erfahrung ganz unabhängig davon zu machen, wo man sich zur betreffenden Zeit gerade aufhält, bietet der Whiskygenuss. Wer schon einmal einen Whisky (im wahrsten Sinn des Wortes) mit Andacht verkostet und genossen hat, weiß, wie leicht man dabei jedes Zeitgefühl verlieren und sich geradewegs in die Ewigkeit hineinversetzt fühlen kann.

Wenn aber der Genuss einer Spirituose wie Whisky fast ebenso wie das Eintauchen in die Spiritualität von Pluscarden Abbey geeignet ist, die Zeit zumindest für eine Weile in Vergessenheit geraten zu lassen, spricht sicher nichts dagegen, beides miteinander zu verbinden. Die Frage sollte also nicht lauten, ob es angebracht ist, nach dem Besuch von Pluscarden Abbey auch noch eine (oder mehrere) der zahlreichen in der Nähe gelegenen Destillerien zu besuchen, sondern allenfalls welche! Leider gehört die Pluscarden Abbey am nächsten gelegene und ihr zudem geschichtlich eng verbundene Miltonduff Distillery zu denen, die man in der Regel nur von außen besichtigen kann. Alternativen gibt es aber mehr als genug. Auch das Geschäft von Gordon & MacPhail in Elgin ist immer einen Besuch wert – zumal dann, wenn man einmal mithilfe eines Whiskys aus der Miltonduff Distillery einen Vorgeschmack der Ewigkeit genießen möchte. ▌

Die Lektüre eines guten Buchs kann die Zeit ebenso in Vergessenheit geraten lassen wie der Genuss eines guten Whiskys.

Auf den Inseln

BOWMORE

Kilarrow Parish Church & Bowmore Distillery

Die zu den Inneren Hebriden zählende Insel Islay ist nicht nur der Sehnsuchtsort vieler Whiskyenthusiasten, sondern bildet auch eine eigene, amtlich definierte Whiskyregion.

Bowmore, Isle of Islay, Argyll & Bute

Es gab einmal eine Zeit, da wurde den Menschen in und um Bowmore, dem heutigen Hauptort der Insel Islay, das Leben vom Teufel schwer gemacht. Vielleicht war es aber auch nur die Angst vor dem Teufel, die sie glauben ließ, er sei in Bowmore und Umgebung besonders fleißig am Werk. Ob dem tatsächlich so war, lässt sich weder nachprüfen noch widerlegen. Letztlich spielt dies aber auch keine Rolle, denn ihre Angst war auf jeden Fall real – und nichts ist teuflischer, als wenn die Angst, vor wem und was auch immer, überhandnimmt, sich verselbstständigt, am

Ende sogar ein Gesicht bekommt. Man könnte es auch so ausdrücken: Angst ist immer vom Teufel, spielt dem Teufel in die Hand, gibt dem Teufel ein Gesicht – was umgekehrt nichts anderes bedeutet, als dass der Teufel die Angst in Person ist. Wie dem auch sei – die Menschen in und um Bowmore hatten Angst, und diese Angst machte ihnen das Leben schwer.

In jeder Ecke, meinten sie, liege der Teufel auf der Lauer und warte nur darauf, über sie herzufallen und sich ihrer zu bemächtigen. Und je mehr sie sich bemühten, sich von ihm fernzuhalten, ihm aus dem Weg zu gehen, ihm nur ja keine Gelegenheit zu bieten, ihrer habhaft zu werden, desto öfter suchte er sie heim, desto größer wurde seine Macht, desto mehr nahm ihre Angst zu. Am deutlichsten spürten sie seine Gegenwart und seinen Einfluss ausgerechnet dort, wo sie eigentlich vor ihm hätten sicher sein sollen: in der Kirche. Schließlich waren sie allesamt gottesfürchtige und sittenstrenge Christen, die sich stets an das hielten, was ihnen ihre Kirche, die streng calvinistische Church of Scotland, zu glauben, zu tun und zu lassen vorgab. Doch je mehr ihr wortgewaltiger Pfarrer sie meinte vor dem Teufel warnen zu müssen und je mehr sie sich bemühten, ihm zu entrinnen, desto mehr machte er ihnen das Leben schwer.

Die Rettung kam von jemandem, der zwar auch als vorbildlicher Protestant galt, von dem sie aber wohl dennoch niemand erwartet hätte: von Daniel Campbell, dem zweiten Laird of Shawfield and Islay. Dieser ließ vom Jahr 1767 an eine neue Kirche erbauen: die Kilarrow Parish Church in Bowmore. Das Besondere an dieser Kirche war und ist ihre Form: sie ist nämlich, abgesehen vom Turm, vollkommen rund! Sobald das neue Gotteshaus eingeweiht worden war, hörten die Nachstellungen des Teufels unvermittelt auf. Der Teufel fand nämlich in

So idyllisch sich der Hauptort der Insel Islay heute auch präsentieren mag, so leidvoll ist seine Geschichte.

der neuen Kirche keinen Platz, keine Ecke, keinen Winkel, wo er sich hätte verstecken können, um den Menschen aufzulauern. Schließlich sei er, nachdem es für ihn offenbar keinen Platz mehr gab, wutentbrannt hinunter zur Bowmore Distillery geflüchtet, habe sich dort ein leeres Whiskyfass geschnappt und darin die Insel Islay ein für allemal verlassen.

Soweit die Legende, die man in Bowmore bis heute nur allzu gerne jedem erzählt, der sie noch nicht kennt, und für den, der sie bereits kennt, nicht minder gerne auch noch ein wenig ausschmückt. Denn schließlich rankt sich diese Legende um jene beiden Bauwerke, für die der Ort bis heute berühmt ist und auf die seine Bewohner dementsprechend stolz sind: die Kilarrow Parish Church, die auch als Bowmore Round Church bekannt ist, sowie die Bowmore Distillery. Allerdings kann sich die Legende so, wie sie für gewöhnlich erzählt wird, nicht zugetragen haben. Denn der Grund, warum Daniel Campbell die Kilarrow Parish Church erbauen ließ, war erwiesenermaßen ein anderer, und die Bowmore Distillery gab es zu jener Zeit noch gar nicht. In Anbetracht dessen kommt man schwerlich umhin, sich zunächst einmal ein wenig mit der Geschichte von

Aufgrund späterer Einbauten ist die runde Form der Kirche im Inneren deutlich weniger augenfällig als von außen.

Bowmore und seinen beiden berühmtesten Bauwerken zu befassen.

Daniel Campbell, den man auch den Jüngeren nannte, hatte 1753 das Erbe seines gleichnamigen Großvaters angetreten. Dazu gehörte unter anderem auch die Grundherrschaft über weite Teile der Insel Islay sowie Kilarrow House, ein westlich der heutigen Ortschaft Bridgend gelegenes Herrenhaus, das mittlerweile Islay House genannt wird und ein luxuriöses Hotel beherbergt. Es ist heute von einem weitläufigen Park umgeben, befand sich damals aber im Zentrum einer Ortschaft namens Kilarrow. Damit er jenen Park anlegen lassen konnte, ließ Daniel Campbell die meisten Gebäude von Kilarrow einschließlich der uralten St Maelrhuba Church kurzerhand abreißen und die Bewohner umsiedeln. Sie fanden ein neues Zuhause in der ab 1769 errichteten Plansiedlung Bowmore. Lediglich der Name der zu dieser Zeit bereits fertiggestellten neuen Kilarrow Parish Church erinnert heute noch an die zerstörte Ortschaft.

Dass die runde Form dieser Kirche als etwas ganz Außergewöhnliches wahrgenommen wird, liegt weniger an ihrem Erscheinungsbild an sich als an ihrer exponierten Lage und ihrer puritanischen Schlichtheit. Tatsächlich gehört die so genannte Rotunde zu den ältesten Formen christlicher Sakralarchitektur: Das bedeutendste Beispiel dafür ist wohl die über dem Grab Jesu in Jerusalem in der ersten Hälfte des 4. Jahrhunderts erbaute Auferstehungskirche. Auch in Rom gibt es mit S. Stefano Rotondo eine sehr alte, im Kern bereits auf das 5. Jahrhundert zurückgehende Rundkirche. Als älteste Rundkirche nördlich der Alpen gilt die im 7. Jahrhundert entstandene Kapelle der Festung Marienberg in Würzburg. Und auch auf den Britischen Inseln war diese Form nicht ganz unbekannt, wie etwa die Ruinen der aus dem 12. Jahrhundert stammenden Rundkirche von Orphir auf der größten Insel der Orkneys bezeugen.

Der Kreis, weil ohne Anfang und Ende, gilt von jeher als Symbol der Ewigkeit, der Vollkommenheit, der Harmonie – und damit zugleich als Symbol für Gott. Nicht ohne Grund haben die keltischen Christen den Kreis zum festen Bestandteil ihrer Kreuzesdarstellungen gemacht; herausragende Beispiele dafür sind etwa die steinernen Hochkreuze von Iona *(siehe Iona)* und Kildalton *(siehe Kildalton)*. Sie erinnern daran, dass Gott durch den Tod und die Auferstehung seines menschgewordenen Sohnes Jesus „Christus die Welt mit sich versöhnt hat" (1 Kor 5,19), um so die ursprüngliche Ordnung der Schöpfung wiederherzustellen und „die Werke des Teufels zu zerstören" (1 Joh 3,8). Vielleicht sogar noch mehr als ein keltisches Kreuz vermag eine runde Kirche die womöglich wichtigste Botschaft des christlichen Glaubens nicht nur zu vermitteln, sondern regelrecht zu verkörpern; sie lautet: „Fürchtet euch nicht" (Lk 2,10)!

Die Legende vom Teufel, der, seiner Wirkungsstätte beraubt, in einem Whiskyfass das Weite sucht, ist zweifellos kein Tatsachenbericht. Wie die meisten alten Legenden ist sie aber ein Erfahrungsbericht,

Islays älteste Destillerie liegt unmittelbar am Loch Indaal, einer weiten, nach Süden hin offenen Meeresbucht.

denn die Erfahrung der Angst, vor wem und was auch immer, ist eine urmenschliche Erfahrung. Dabei ist Angst zunächst einmal eine ganz natürliche, nutzbringende, unter Umständen sogar lebensrettende Reaktion auf etwas, das möglicherweise eine Bedrohung darstellt. Doch wenn die Angst überhandnimmt, sich verselbstständigt, am Ende sogar ein Gesicht bekommt, dann wird sie selbst zur Bedrohung, da sie unweigerlich zu Misstrauen, Abneigung und Hass führt. Wenn es erst einmal so weit gekommen ist, erhält sich die Angst praktisch selbst am Leben: Je mehr man die Angst spürt und schürt, desto bedrohlicher erscheint das, was einem Angst macht. Ein klassischer Teufelskreis ist entstanden.

Um diesem zu entrinnen oder anderen zu helfen, sich daraus zu befreien, sollte man eines ganz bestimmt nicht tun: nämlich das, was der Legende nach der Pfarrer von Bowmore tat, indem er eifrig vom Teufel predigte und vor ihm warnte. Damit hat er die Angst vor dem Teufel zweifellos nicht vermindert, sondern vermehrt, denn er hat ihm genau den Raum geboten, den er brauchte, um überhaupt erst Angst zu verbreiten. Leider steht der Pfarrer von Bowmore, wenn es denn stimmt, was die Legende

Bowmore gehört zu den wenigen schottischen Destillerien, deren Darrboden nach wie vor in Verwendung ist.

über ihn berichtet, in der Geschichte der Religion im Allgemeinen und, noch bedauerlicher, in der Geschichte des Christentums im Besonderen nicht alleine da. Viel zu oft wurde in der Vergangenheit (und wird mitunter bis heute) der Teufel regelrecht an die Wand gemalt, um die Menschen zu einem gottesfürchtigen und sittenstrengen Leben anzuhalten. Doch ein Glaube, der auf Angst beruht, ist kein Glaube, sondern eine Ideologie.

Gott sei Dank aber gibt es noch ein anderes, weit wirksameres Mittel gegen die Angst: den Humor – besser noch, weil umfassender: eine Haltung der Lebensbejahung, der Lebensfreude, ja der Lebenslust. Interessanterweise scheint die Legende von Bowmore aus genau dieser Haltung heraus entstanden zu sein, denn der Teufel tritt darin ja nur vordergründig als Schreckgestalt auf; bei näherer Betrachtung erscheint er hingegen eher als Witzfigur, denn sonst hätte er sich wohl kaum allein dadurch vertreiben lassen, dass er in der neuen Kirche keinen Platz mehr fand, wo er sich hätte verstecken können, und wäre wohl auch nicht ausgerechnet dorthin geflüchtet, wo etwas hergestellt wird, was allein dazu bestimmt ist, den Menschen Genuss zu bereiten. Noch

Das typisch rauchige Aroma der auf Islay produzierten Whiskys geht auf den zum Darren verwendeten Torf zurück.

dazu muss sich der Teufel am Ende mit einem leeren Fass begnügen, während sich die Engel an dem erfreuen dürfen, was ihnen als ihr Anteil, als Angel's Share, zusteht...

Es ist vor allem diese Legende mit all ihrem Tiefsinn und Witz, die die Kirche von Bowmore zu etwas ganz Besonderem macht, weniger das Bauwerk an sich und seine Ausstattung. Das Äußere weist, abgesehen vom Turm sowie den Tür- und Fensteröffnungen, keinerlei Gliederungselemente auf. Im Giebelfeld über dem Hauptportal ist eine Sandsteintafel angebracht, die Daniel Campbell den Jüngeren als Stifter des Gotteshauses ausweist; dass es die zuvor auf seine Anweisung hin abgerissene St Maelrhuba Church in Kilarrow ersetzt, bleibt dabei freilich unerwähnt. Die Innenausstattung ist durchweg jünger als der Bau selbst. Während der ursprüngliche Raumeindruck durch die um 1830 eingebaute Empore erheblich beeinträchtigt wird, vermag die Dachkonstruktion, die auf einer einzigen, schlanken, das Zentrum des Raumes bildenden Säule ruht, nach wie vor zu beeindrucken.

Zu beeindrucken vermag auch die 1779 gegründete Bowmore Distillery, die als die zweitälteste noch in Betrieb befindliche Whiskydestillerie Schottlands gilt und mit ihren direkt am Meer gelegenen No. 1 Vaults über das älteste nach wie vor seinem ursprünglichen Zweck entsprechend genutzte Lagerhaus des Landes verfügt. Auch in der Destillerie weiß man um den besonderen Reiz der Legende vom geflüchteten Teufel und nimmt bei der Vermarktung hier produzierter Whiskys nur allzu gern darauf Bezug. Dies gilt zum Beispiel für Abfüllungen, die Namen wie „Legend“ oder „The Devil's Casks“ tragen. Auch darin kommt ein gesundes Maß an Humor und durchaus auch eine christlich inspirierte Lebenshaltung zum Ausdruck. Denn wer das zu genießen weiß, was, wie beispielsweise ein Schluck Whisky, der Seele Entspannung und Erquickung bietet, ist gegen Teuflisches, welcher Art auch immer, aufs Beste gewappnet. ▌

IONA

Isle of Iona & Iona Abbey

Ungeachtet seiner abgeschiedenen Lage gehörte das vom heiligen Kolumban gegründete Kloster einst zu den bedeutendsten religiösen und kulturellen Zentren in Europa.

Baile Mòr, Isle of Iona, Argyll and Bute

Wenn es einen Ort gibt, den man als den Ursprung, den Geburtsort, die Heimat der schottischen Whiskykultur betrachten kann, dann ist es die Insel Iona, näherhin die auf der Insel Iona gelegene und nach ihr benannte Abtei, Iona Abbey. Dabei gibt es nicht den geringsten Hinweis darauf, dass es hier war, wo erstmals in Schottland aus gemahlenem, gemaischtem und vergorenem Gerstenmalz „Wasser des Lebens", also hochprozentiger Alkohol, destilliert wurde. Es ist sogar ungewiss, ob auf Iona überhaupt jemals, geschweige denn in größerem Stil destilliert

Der Hafen von Oban bildet für viele Pilger und Touristen heutzutage eine wichtige Etappe auf dem Weg nach Iona.

wurde. Mit hoher Wahrscheinlichkeit war es jedoch hier, wo einst eine der Grundlagen dafür geschaffen wurde, dass die schottische Whiskykultur überhaupt entstehen und sich ungeachtet aller Wechselfälle ihrer Geschichte zum Inbegriff und Maßstab des hochprozentigen Trinkgenusses entwickeln konnte.

Der Überlieferung nach war es nämlich auf Iona, wo erstmals in Schottland planmäßig und in größerem Stil Gerste angebaut wurde. Bestätigung findet diese Überlieferung in der gegen Ende des 7. Jahrhunderts entstandenen Lebensbeschreibung des Gründers und ersten Abts von Iona, des heiligen Kolumban. Ihr Verfasser, der heilige Abt Adomnan von Iona, berichtet darin unter anderem über einen Bauern, der von Kolumban einst eine größere Menge Gerste geschenkt bekam, sie auf Geheiß des Heiligen aussäte und auf wunderbare Weise schon nach kurzer Zeit ernten konnte. Ungeachtet des im Vor-

dergrund stehenden Wunders kann man aus diesem Bericht zweierlei ableiten: zum einen, dass die Mönche von Iona bereits zu Lebzeiten des heiligen Kolumban Gerstenanbau betrieben, und zum anderen, dass sie jenen, die ihrem Beispiel folgen wollten, bereitwillig Unterstützung zukommen ließen.

Der heilige Kolumban wurde um 521 in Irland geboren. Aus einer ebenso einflussreichen wie angesehenen Familie stammend verbrachte er in jungen Jahren längere Zeit in verschiedenen Klöstern, wo er eine exzellente Ausbildung erfuhr und sich schließlich entschloss, selbst Mönch und Priester zu werden. Mit dem wohlgeordneten Klosterleben in Irland wollte er sich auf Dauer aber nicht zufriedengeben. Es drängte ihn – und zwar im wahrsten Sinn des Wortes – zu neuen Ufern. Kurzerhand verließ er im Jahr 563 seine Heimat und gründete zusammen mit zwölf Gefährten auf der Insel Iona ein Kloster, um von hier aus den damals noch weitgehend heidnischen Bewohnern von Schottland den christlichen Glauben nahezubringen. Schon zu Lebzeiten als Prophet, Visionär und Wundertäter verehrt, starb er am 9. Juni 597. Seine Gründung auf Iona zählte zu diesem Zeitpunkt bereits zu den bedeutendsten Zentren der iro-schottischen Kirche.

Kolumban war ein Mann mit vielen Fähigkeiten und Facetten: Er war ein weitsichtiger Organisator, ein kluger und besonnener Ratgeber, ein mutiger Friedensstifter zwischen den notorisch zerstrittenen Clans in Irland und Schottland, ein vor allem sich selbst gegenüber strenger Asket sowie ein ebenso begeisterter wie begeisternder Glaubenszeuge. Zudem hatte er einen ausgeprägten Realitätssinn. Seine Klostergründung auf Iona entwickelte sich darum von Anfang an nicht nur zu einem Zentrum des geistlichen, sondern auch des kulturellen Lebens. Dem Beispiel Kolumbans folgend, der ein regelrechter Büchernarr war, wurde hier vor allem die Buchkunst gepflegt. Unter anderem dürfte das aus der Zeit um 800 stammende und heute im Trinity College in Dublin aufbewahrte Book of Kells, eines der bedeutendsten erhaltenen Beispiele frühmittelalterlicher Buchmalerei, auf Iona entstanden sein.

Dass sich das Book of Kells heute in Irland befindet, ist die Folge einer tiefgreifenden Zäsur in der Geschichte von Iona: Vom Ende des 8. Jahrhunderts an wurde die Insel über mehr als zwei Jahrhunderte hinweg immer wieder von Wikingern überfallen und – sofern es nicht gelang, zumindest die beweglichen Besitztümer (wie das Book of Kells) rechtzeitig in Sicherheit zu bringen – ausgeplündert. Im Zuge dessen wurden die Mönche mehrfach vertrieben, nicht wenige von ihnen auch ermordet, während die Klostergebäude wiederholt zerstört oder zumindest stark beschädigt wurden. Als sich der durch die fortwährenden Überfälle bedingte Niedergang auch nach deren Ende weiter fortsetzte, wurde das Kloster um 1200 faktisch neu gegründet, und zwar als Benediktinerabtei. Die ersten Benediktinermönche kamen damals aus der Abtei von Dunfermline *(siehe Dunfermline I & II)* nach Iona.

Von dieser Zeit an erlebte das Kloster eine neue Blüte. Die Zahl der Mönche stieg ebenso wieder an wie die Zahl der Pilger, die das Grab des heiligen Kolumban aufsuchten. Sowohl die Abteikirche als auch die Klostergebäude wurden in den folgenden Jahrhunderten mehrfach erneuert und erweitert. Iona bildete nun wieder (neben Dunfermline und St Andrews) eines der großen kirchlichen Zentren Schottlands – bis eine weitere tiefgreifende Zäsur sowohl dem Wallfahrtswesen als auch dem Klosterleben auf der Insel ein jähes Ende bereitete: die Reformation. Erst gegen Ende des 19. Jahrhunderts besann man sich der geschichtlichen und religiösen Bedeutung Ionas und restaurierte die verfallene Abteikirche. Dank der 1938 gegründeten Iona Community, einer ökumenischen Gemeinschaft, die sich im Geist des heiligen Kolumban für Frieden und Gerechtigkeit einsetzt, wurden später auch die Klostergebäude wiederaufgebaut.

Seither machen sich neuerlich jedes Jahr – zumindest in den Sommermonaten – zahlreiche Menschen auf den Weg, um die abgelegene, beschauliche Insel aufzusuchen, nicht wenige von ihnen aus religiösen Motiven. Wer Iona besucht, kommt hier nicht zufällig vorbei. Iona liegt an keinem Weg, sondern am Ende eines Weges, eines langen Weges noch dazu. Wer nach Iona kommt, muss die Absicht haben, hierherzukommen, und bereit sein, die lange und selbst dann, wenn man sich moderner Verkehrsmittel bedient, nicht sonderlich bequeme Reise auf sich zu nehmen. Die wenigsten von denen, die Iona heute aufsuchen, bleiben hier über Nacht oder länger; den meisten von ihnen steht gerade einmal ein Tag zur Verfügung, von dem sie aufgrund der langen An- und Abreise nur wenige Stunden auf der Insel selbst verbringen können. Wenn dem so sein sollte, ist man gut beraten seinen Aufenthalt umso sorgfältiger zu planen.

Der Weg nach Iona (beziehungsweise dessen letzte Etappe) beginnt zumeist in Oban. Vom dortigen Hafen aus erreicht man nach etwa einstündiger Überfahrt mit der Fähre die Insel Mull, näherhin die Fähranlegestelle Craignure. Alternativ kann man auch von Norden her übersetzen, und zwar entweder von Kilchoan auf der Halbinsel Ardnamurchan nach Tobermory oder von Lochaline nach Fishnish. Doch ganz egal, wo man an Land geht – wenn man nach Iona will, muss man zumindest am Ende jener Straße folgen, die von Craignure aus zunächst ein Stück in südöstlicher Richtung und dann schnurstracks gen Westen führt. Abgesehen von den wenigen hundert ersten Metern ist die Strecke durchgängig einspurig. Man braucht also Zeit, um die insgesamt rund sechzig Kilometer von Craignure bis Fionnphort zu bewältigen, von wo aus man mit einer weiteren Fähre nach Iona übersetzen kann.

Gerade weil man für die Strecke nach Fionnphort, dem westlichsten Punkt der Insel Mull, in der Regel mehr Zeit braucht, als man im Vorhinein veranschlagt hat, sollte man sich, anstatt in ohnehin vergebliche Eile zu verfallen, lieber ausreichend Zeit lassen, um ihre landschaftliche Schönheit auf sich wirken zu lassen. Die Straße umrundet zunächst die östlichen Ausläufer einer Bergkette, deren höchste Erhebung, der Ben More, zugleich die höchste Erhebung der Insel ist. Sie führt sodann durch das wildromantische Glen Mhor, um schließlich der Südküste von Loch Scridain zu folgen. Es ist mehr oder weniger dieselbe Strecke, die das gesamte Mittelalter hindurch zahllose Pilger aus ganz Schottland, aus den übrigen Teilen Großbritanniens und mitunter sogar

Sowohl die Grabkapelle des heiligen Kolumban als auch das St John's Cross wurden im 20. Jahrhundert rekonstruiert.

vom europäischen Festland auf sich nahmen, um jenen Ort aufsuchten, an dem der heilige Koloman gelebt und sein irdisches Leben beendet hat.

Wenn man schließlich Fionnphort erreicht und die etwa zehnminütige Überfahrt mit der Fähre von Mull nach Iona hinter sich gebracht hat, sollte man – zumindest wenn man noch am selben Tag wieder abreist – genau wissen, wohin man seine Schritte lenkt, um die zur Verfügung stehende Zeit möglichst sinnvoll zu nutzen. Iona ist zwar klein –

die Insel umfasst weniger als neun Quadratkilometer und ist damit eine der kleinsten bewohnten Hebrideninseln überhaupt – hat aber eine solche Menge an Sehenswürdigkeiten zu bieten, dass man unmöglich alle an einem Tag, geschweige denn in wenigen Stunden besichtigen kann. Wer sich noch dazu eher für alten Whisky als für alte Gemäuer zu begeistern vermag, tut sicher gut daran, seinen Besuch auf jene Orte und Gedenkstätten zu beschränken, die eine unmittelbare Verbindung zum Leben und Wirken des heiligen Kolumban aufweisen.

Die meisten davon befinden sich ohnehin auf oder nahe dem Gelände der ehemaligen Abtei, die heute von der behördlichen Denkmalschutzorganisation „Historic Environment Scotland" verwaltet wird. Von der Fähranlegestelle bis zur Abtei braucht man zu Fuß etwa zehn Minuten. Der Weg ist gut ausgeschildert und führt zunächst durch den Hauptort der Insel, Baile Mòr, und an den Ruinen des um 1200 entstandenen Augustinerinnenklosters vorbei. Bevor man das Gelände erreicht, auf dem sich einst das Kloster des heiligen Kolumban befand, könnte es hilfreich, sein sich bewusst zu machen, dass davon kaum mehr als ein paar Spuren erhalten sind: Vieles zerstörten die Wikinger, anderes fiel der Reformation zum Opfer, wieder anderes wurde in Zeiten des Aufschwungs überbaut und erneuert. Und nicht zuletzt hat ein Klosterbau aus dem 6. Jahrhundert wenig mit dem zu tun, was man sich heutzutage unter einem Kloster vorstellt.

Im Unterschied zu den kompakten und imposanten Klosterbauten späterer Epochen glich die Klostergründung des heiligen Kolumban eher einem Dorf: Die aus Feldsteinen und Holz errichteten und mit Grassoden oder Schilf gedeckten Hütten der einzelnen Mönche umringten die auf ganz ähnliche Weise erbauten, aber ihrem jeweiligen Zweck entsprechend deutlich größeren Gemeinschaftsgebäude. Das Zentrum der Anlage bildete die Kapelle, die sich vermutlich genau dort befand, wo sich heute die Abteikirche erhebt. Die gesamte Klostersiedlung war ringsum von einem Wallgraben, dem so genannten „Vallum“ umgeben, der weniger dem Schutz vor möglichen Eindringlingen diente als der Abgrenzung zwischen geistlicher und weltlicher Sphäre. Den am besten erhaltenen Abschnitt dieses Wallgrabens findet man rund hundertfünfzig Meter nordwestlich des heutigen Abteikomplexes.

Ein weiteres, nahe dem Zentrum der einstigen Klostersiedlung gelegenes, aber nicht minder unscheinbares Bodendenkmal lässt ebenfalls sowohl die Zeit als auch die Person des heiligen Kolumban lebendig werden: Es handelt sich um den kleinen, felsigen Hügel gleich gegenüber der Kirchenfassade. Man nennt ihn Tòrr an Aba, den Hügel des Abts. Der Überlieferung nach befand sich auf diesem Hügel die Hütte des heiligen Kolumban, also seine Klosterzelle. Wenn er sich auf Iona aufhielt, dürfte er hier einen erheblichen Teil seines streng geordneten Tagesablaufs verbracht haben. Kolumban war ein Mann des Wortes: Er las und studierte viel, kopierte Bücher, schrieb Briefe und dichtete Hymnen. So verwahrt die Royal Irish Academy in Dublin ein aus dem 6. Jahrhundert stammendes Manuskript, Cathach – auf Deutsch: Kämpfer – genannt, das der heilige Kolumban mit eigener Hand geschrieben haben soll, allerdings noch zu seiner Zeit in Irland.

Nicht weit vom Tòrr an Aba entfernt duckt sich zur Linken der Abteifassade ein kleines, unscheinbares Gebäude, das zwar nicht mehr aus der Zeit des heiligen Kolumban stammt, aber bald danach entstanden sein dürfte. Der Überlieferung nach handelt es sich hierbei um die Kapelle, die nach dem Tod des Heiligen über seinem Grab errichtet wurde und schon bald als das bedeutendste Heiligtum Schottlands galt. Das einst freistehende Gebäude wurde –

vermutlich aufgrund seiner besonderen Bedeutung – in den um 1200 entstandenen Abteikomplex miteinbezogen. In nachreformatorischer Zeit bis auf die Grundmauern zerstört, wurde es 1962 wiederaufgebaut. Die Gebeine des heiligen Kolumban waren schon in der Zeit der Wikingerüberfälle zum größten Teil nach Downpatrick (in Nordirland) und Dunkeld (im schottischen Perthshire) in Sicherheit gebracht worden, gingen infolge der Reformation aber hier wie dort verloren.

Die Abteikirche selbst stammt aus dem frühen 13. Jahrhundert, hat seither allerdings zahlreiche Veränderungen, Erweiterungen und Erneuerungen erfahren. Infolge der Reformation aufgegeben und dem Verfall preisgegeben, wurde sie zu Beginn des 20. Jahrhunderts wiederaufgebaut. Der älteste, noch im romanischen Stil gehaltene Teil des Gebäudes ist das nördliche Querschiff. In einer Nische zwischen den beiden dortigen Seitenkapellen haben sich die Überreste einer mittelalterlichen Statue erhalten, bei der es sich um eine Darstellung des heiligen Kolumban gehandelt haben könnte. Die von Tim Chalk im Jahr 2014 aus ineinander verschlungenen Drähten geschaffene Ergänzung macht sie jedenfalls zu einer solchen. Dass gerade die Füße der ursprünglichen Figur erhalten geblieben sind, kann man als einen Hinweis auf die dem heiligen Kolumban eigene Standhaftigkeit und Bodenständigkeit verstehen.

Ebenfalls im nördlichen Querschiff der Abteikirche wird das so genannte Kopfkissen des heiligen Kolumban gezeigt. Der Überlieferung nach pflegte der Heilige auf dem nackten Boden zu schlafen und einen Stein als Kopfkissen zu gebrauchen; dieser Stein soll später an seinem Grab aufgestellt worden sein. Als man im 19. Jahrhundert – wenn auch ein gutes Stück von der Abtei entfernt – einen rundlichen Stein mit einem eingravierten Kreuz entdeckte, identifizierte man diesen kurzerhand mit

Der heilige Kolumban war sowohl bodenständig und traditionsbewusst als auch weitsichtig und anpassungsfähig.

dem Kopfkissen des heiligen Kolumban. Obwohl dieser Stein tatsächlich einmal als Grabstein gedient haben könnte, ist seine Verbindung zum heiligen Kolumban und dessen Grab eine bloße Vermutung, zumal das darin eingravierte Kreuz aufgrund seiner stilistischen Merkmale wohl erst um 800 entstanden sein dürfte. Wie dem auch sein mag: An das asketische Leben des heiligen Kolumban vermag er in jedem Fall zu erinnern.

Außerdem ist das Kreuz auf dem vermeintlichen Kissen des heiligen Kolumban ein schönes Beispiel für die iro-schottische Steinmetzkunst des frühen Mittelalters, die auf der Insel Iona ihren Mittel- und Höhepunkt erreichte. Mindestens vier steinerne Hochkreuze aus dem 8. oder 9. Jahrhundert befanden sich einst auf dem Klostergelände. Immerhin eines davon, das so genannte St Martin's Cross, steht dort noch immer; seit mehr als zwölf Jahrhunderten zeugt es von der auf den heiligen Kolumban zurückgehenden geistlichen und kulturellen Strahlkraft dieses Ortes. Die wieder zusammengefügten Bruchstücke der anderen Kreuze – St John's Cross, St Oran's Cross und St Matthew's Cross – kann man zusammen mit zahlreichen weiteren Beispielen frühmittelalterlicher Steinmetzkunst im Abteimuseum besichtigen. Man sollte Iona nicht verlassen, ohne sie wenigstens kurz gewürdigt zu haben.

Dasselbe gilt auch für den großen, ovalen Stein, der sich heute rechts vom Haupteingang der Abteikirche befindet und auf seiner Oberseite eine markante Vertiefung aufweist. Einst soll er den Pilgern, die das Grab des heiligen Kolumban aufsuchten, dazu gedient haben, sich vor Betreten des Gotteshauses die Füße zu waschen. Dies geschah wohl weniger aus hygienischen Gründen, als vielmehr zur Erinnerung an das biblische „Wasser des Lebens", näherhin an die durch die Taufe bewirkte Vergebung aller Sünden. Der Stein hatte somit eine ähnliche Funktion wie heutige Weihwasserbecken. Der Überlieferung nach war es unter den Pilgern üblich, vor der Abreise von Iona etwas Wasser aus dem nahe gelegenen Brunnen zu schöpfen, in das steinerne Becken zu füllen und dabei den heiligen Kolumban um seine Fürsprache für eine sichere Überfahrt zu bitten. Man nennt diesen Stein darum auch „die Wiege des Nordwinds".

Nurmehr wenige keltische Hochkreuze stehen wie St Martin's Cross nahezu unversehrt an ihrem ursprünglichen Platz.

Wenn man genügend Zeit zur Verfügung hat, sollte man nicht versäumen, die weiter vom einstigen Klostergelände entfernt gelegenen Orte aufzusuchen, die mit dem Leben und Wirken des heiligen Kolumban in Verbindung gebracht werden. Dazu gehört vor allem St Columba's Bay, wo der Heilige der Überlieferung nach zum ersten Mal die Insel Iona und damit schottischen Boden betreten hat. Man braucht von Iona Abbey aus zu Fuß eine knappe

Die so genannte „Wiege des Nordwinds“ stammt auf der Frühzeit des Klosters und diente ursprünglich als Waschbecken.

Stunde, um diese ganz im Süden der Insel gelegene Bucht aufzusuchen. Einen etwa halbstündigen Fußmarsch vom ehemaligen Klostergelände entfernt, und zwar in südwestlicher Richtung, liegt Sithean Mor, der so genannte Engelshügel. Hier soll der heilige Kolumban eine der eindrücklichsten seiner zahlreichen Engelserscheinungen gehabt haben, von denen in Adomnans Lebensbeschreibung des Heiligen ausführlich berichtet wird.

Die Sithean Mor in westlicher Richtung vorgelagerte Ebene gehört zu den fruchtbarsten Gebieten auf Iona. Hier war es, wo (ebenfalls Adomnans Lebensbeschreibung des heiligen Kolumban zufolge) die Mönche ihre Felder hatten, auf denen sie unter anderem Gerste anbauten. Gerste ist die älteste der heute gebräuchlichen Getreidearten. Ursprünglich aus dem Nahen Osten stammend gelangte sie schon in der Jungsteinzeit nach Europa, wo sie bald gezielt angebaut und gezüchtet wurde. Mehr als andere Getreidearten ist Gerste klimatisch sehr anpassungsfähig und gedeiht auch in kühlen und niederschlagsreichen Regionen. Durch Missionare wie den heiligen Patrick, die ihre Ausbildung im Gebiet des einstigen Römischen Reichs erfahren hatten, gelangte dieses Wissen vom 5. Jahrhundert an zunächst nach Irland und einige Zeit später von dort aus weiter nach Schottland.

Wenngleich dahingestellt bleiben muss, ob der heilige Kolumban selbst es war, der erstmals auf schottischem Boden planmäßig und in großem Stil Gerste angebaut hat beziehungsweise anbauen ließ, ist es seinem missionarischen Eifer und seiner kulturellen Triebkraft zu verdanken, dass der Gerstenanbau in Schottland vom frühen Mittelalter an heimisch wurde. Der planmäßige Gerstenanbau aber war neben dem vielerorts in reichem Maß und bester Qualität vorhandenen Wasser eine der grundlegenden Voraussetzungen für die Entstehung der schottischen Whiskykultur. Von daher kann man im heiligen Kolumban durchaus so etwas wie den himmlischen Patron, das Vorbild und den Beschützer all jener sehen, für die schottischer Whisky nichts weniger als ein Vorgeschmack des Paradieses ist – auch wenn der Heilige wohl noch nicht ahnen konnte, welch (im wahrsten Sinn des Wortes) himmlischen Genüssen er den Weg bereitet hat.

Oder doch? In Adomnans Lebensbeschreibung des heiligen Kolumban wird davon berichtet, dass die Mönche von Iona immer wieder, wenn sie am Abend von der Feldarbeit ins Kloster zurückkehrten, unterwegs ganz plötzlich ein unerklärliches Gefühl empfanden: Zunächst stieg ihnen ein betörender Duft in die Nase, wie von zahllosen Blumen aus aller Welt. Sodann verspürten sie in ihrem Innern ein heißes, aber nicht brennendes oder schmerzliches, sondern wohltuendes und wärmendes Glühen. Danach fühlten sie sich auf einmal nicht mehr müde und erschöpft, sondern erfrischt und gestärkt, entlastet und entspannt – mit einem Wort: wie neu belebt. Dem Bericht zufolge schrieben die Mönche diese wunderbare Erfahrung dem Gebet des heiligen Kolumban zu, der sich so sehr um seine Brüder sorgte, dass er ihnen in ihrer Müdigkeit und Erschöpfung eine Art himmlischer Erfrischung und Stärkung zuteil werden ließ.

Wenn man nicht wüsste, dass man es hier mit einem Bericht aus dem frühen Mittelalter zu tun hätte, könnte man fast meinen, die Mönche von Iona hätten sich, wenn sie zur Feldarbeit aufbrachen, heimlich eine Flasche Whisky eingesteckt, auf dem Rückweg ausgetrunken und ihre heitere Stimmung kurzerhand zu einem Wunder erklärt. Jedenfalls erinnert ihre wunderbare Erfahrung auf frappierende Weise an die nicht minder wunderbare Erfahrung, die einem beim Genuss eines guten schottischen Whiskys zuteil werden kann: vom betörenden Duft über das wohltuende innere Glühen bis hin zum Gefühl der Erleichterung und Entspannung – alles passt. Sollte das eigentliche Wunder in diesem Zusammenhang vielleicht darin bestehen, dass die Mönche von Iona ihre wunderbare, an den Genuss eines guten Whiskys erinnernde Erfahrung ganz selbstverständlich der Fürsorge und Wunderkraft des heiligen Kolumban zuschrieben?

Offenkundig stand der Heilige, ungeachtet seiner asketischen Lebensweise, Genüssen wie jenen, die – auf welche Weise auch immer – seinen Brüdern zuteil wurden, nicht ablehnend gegenüber. Warum auch? Das Streben nach Genuss ist ein urmenschliches Bedürfnis, eines, in dem sich aus christlicher Sicht die Erinnerung an das verlorene Paradies ebenso widerspiegelt wie die Sehnsucht nach dem künftigen. Recht betrachtet kann also jeder Genuss ein Vorgeschmack dessen sein, was Gott den Menschen nicht nur ursprünglich, sondern auch künftig wieder zugedacht hat: Leben, ewiges Leben, „Leben in Fülle" (Joh 10,10). Ein solches Leben aber ist nichts anderes als (im wahrsten Sinn des Wortes) paradiesisches,

Die Insel Iona vermag nicht nur durch ihre Geschichte, sondern auch durch ihre Landschaft zu beeindrucken.

also glückliches, genussvolles Leben, denn das verlorene Paradies wird ebenso wie das künftige in der Bibel als ein Ort beschrieben, an dem kein Wunsch unerfüllt bleibt (Gen 2,8-14; Offb 22,1-5).

Wenn man darum auf den Spuren des heiligen Kolumban unterwegs ist, kann man seinen Weg nach oder von Iona kaum passender fortsetzen als mit dem Besuch einer Whisky-Destillerie. Da es auf der Insel selbst keine solche gibt, bieten sich die beiden nächstgelegenen an: Die Tobermory Distillery findet man direkt am Hafen des gleichnamigen Ortes, dem Hauptort der Insel Mull. Die Oban Distillery liegt ebenfalls direkt am Hafen des Ortes, von dem sie ihren Namen hat, und wo für die meisten Besucher der Insel Iona ohnehin die letzte Etappe ihrer Reise sowohl ihren Anfang genommen hat als auch ihren Abschluss findet. Und wenn man nach der Destilleriebesichtigung – ob in Tobermory oder Oban – das obligatorische Glas Whisky in Händen hält, dann darf man es getrost zu Ehren dessen erheben, dem dieses flüssige Wunder zumindest mit zu verdanken ist: dem Wundertäter von Iona, dem heiligen Kolumban. ▌

KILDALTON

Kildalton Chapel, Kildalton Cross & Ardbeg Distillery

Im 18. und 19. Jahrhundert wurden aus dem bis heute dünn besiedelten Südosten der Insel Islay zahlreiche Menschen vertrieben, um Platz für die Schafzucht zu schaffen.

Kintour, Port Ellen, Isle of Islay, Argyll & Bute

Folgt man der Straße, die von Port Ellen entlang der Südküste von Islay Richtung Osten führt, passiert man auf einer Strecke von einigen wenigen Kilometern gleich drei der berühmtesten schottischen Whisky-Destillerien: zunächst Laphroaig, dann Lagavulin und schließlich Ardbeg. Hinter der Ardbeg Distillery jedoch scheint sich die Straße, die zu den landschaftlich schönsten Strecken der Insel gehört und bis dahin auch verhältnismäßig gut ausgebaut ist, mit einem Mal im Nichts zu verlieren. Tatsächlich handelt es sich um eine Sackgasse, die zur etwa zehn Kilometer weiter gelegenen Ardtalla Farm führt und dort endet. Nach etwas mehr als der halben Strecke, nahe der aus nur ein paar verstreut liegenden Gebäuden bestehenden Siedlung Kintour, gelangt man über eine in südlicher Richtung verlaufende Abzweigung zur Kildalton Old Parish Church, besser bekannt als Kildalton Chapel.

Bei diesem auf den ersten Blick beinahe unwirklich, wie die Kulisse eines Historienfilms wirkenden Bauwerk handelt es sich um die Überreste eines Gotteshauses, das den einst deutlich zahlreicheren Bewohnern dieser abgelegenen Gegend bis ins 18. Jahrhundert hinein als Pfarrkirche diente. Nachdem man sich entschlossen hatte, in der Nähe der (damals noch nicht existierenden) Lagavulin Distillery eine neue, zentraler gelegene Kirche zu erbauen, wurde die alte aufgegeben und geriet in Verfall. Was von dem schlichten, mit einer Grundfläche von um die 100 Quadratmetern nicht gerade kleinen Gebäude noch erhalten ist, dürfte in seiner heutigen Form gegen Ende des 12. oder zu Beginn des 13. Jahrhunderts entstanden sein. Teile der Anlage sind jedoch älter, und zwar deutlich älter. Von daher liegt die Vermutung nahe, dass an ebendieser Stelle schon vorher, womöglich schon lange vorher, ein Gotteshaus existiert hat.

Erhalten geblieben sind lediglich die mächtigen, aus örtlichem Bruchstein errichteten Außenmauern. Sie werden von zwei schlichten Portalen und einigen nicht minder schlichten Fensteröffnungen durchbrochen, die teils romanische, teils frühgotische Stilelemente erkennen lassen. Von der einstigen Inneneinrichtung hat sich nichts erhalten, abgesehen von einigen wenigen, zum Teil noch aus dem Mittelalter stammenden Grabdenkmälern an den Wänden und im Boden. Eine Reihe weiterer, teils ebenfalls mittelalterlicher Grabdenkmäler fin-

Die heute üblicherweise als Kildalton Chapel bezeichnete Ruine wurde ursprünglich als Pfarrkirche erbaut.

det sich in dem von einer niedrigen Mauer umfriedeten Außenbereich, dem ehemaligen Gemeindefriedhof, der etwa zur selben Zeit wie die Kirche außer Gebrauch geriet. Für sich betrachtet wäre das alles nun nicht weiter bemerkenswert: Idyllisch gelegene Kirchenruinen und andere mystisch anmutende Orte gibt es schließlich in Schottland nicht eben wenige.

Dennoch handelt es sich bei diesem Ort um eine der bedeutendsten Sehenswürdigkeiten der Insel Islay, wenn nicht sogar ganz Schottlands. Was ihn dazu macht, ist etwas, das allein schon durch die Tatsache, dass es überhaupt noch existiert, in Staunen versetzt: das so genannte Kildalton Cross. Dabei handelt es sich um ein keltisches Hochkreuz, das sich wenige Meter nördlich der Kirchenruine erhebt und auf den ersten Blick betrachtet höchstens durch seine Größe von den anderen steinernen Monumenten unterscheidet, die das Gebäude sonst noch umgeben. Kildalton Cross ist aber nicht irgendein keltisches Hochkreuz: Von den vergleichsweise wenigen, die nach wie vor existieren, ist es nicht nur eines der ältesten und schönsten, sondern auch eines der am besten erhaltenen!

Nurmehr wenige keltische Hochkreuze stehen wie Kildalton Cross an dem Platz, für den sie einst geschaffen wurden.

Es entstand sehr wahrscheinlich in der zweiten Hälfte des 8. Jahrhunderts, also ungefähr zu der Zeit, als sich in Mitteleuropa Karl der Große anschickte, das untergegangene Römische Reich zu erneuern. Geschaffen wurde es von einem unbekannten Künstler, vermutlich von einem Mönch oder Wandermissionar, der in enger Verbindung zu jenem Kloster stand, das im Jahr 563 vom heiligen Kolumban auf der etwa achtzig Kilometer weiter nördlich gelegenen Insel Iona gegründet worden war *(siehe Iona)*. Der Überlieferung nach hat der heilige Kolumban auf seinen Reisen zwischen Iona und seiner irischen Heimat Islay mindestens einmal besucht. Mit ihm und seinen Mönchen war nicht nur der christliche Glaube als solcher nach Schottland gekommen, sondern auch die in Irland bereits seit langem gepflegte Tradition, diesem Glauben durch die Errichtung so genannter Hochkreuze aus Holz oder Stein Ausdruck zu verleihen.

Auf Iona selbst haben sich nicht weniger als vier Hochkreuze erhalten, die zumindest von ihrem Alter her mit Kildalton Cross vergleichbar sind. Allerdings befindet sich nurmehr eines davon an seinem ursprünglichen Standort vor der Abteikirche: das weitgehend unversehrte St Martin's Cross. Die anderen drei wurden im Lauf der Zeit mehr oder weniger stark beschädigt; die erhaltenen und – soweit möglich – wieder zusammengesetzten Bruchstücke können heute im Museum von Iona Abbey besichtigt werden. Ein möglicherweise noch älteres, aber stark verwittertes und zudem beschädigtes Hochkreuz, Kilnave Cross genannt, steht nahe der gleichnamigen Kirchenruine auf der Halbinsel Ardnave im Norden von Islay. Auch wenn die Platzierung dieser und manch anderer Hochkreuze auf oder nahe bei Friedhöfen die Vermutung nahelegt, dass es sich bei ihnen um Grabdenkmäler handelt, ist dem in der Regel nicht so.

Hochkreuze stehen vielmehr in der Tradition der keltischen Megalithe und Steinkreise und dienten ursprünglich zur Markierung von Versammlungs- und Kultstätten. Da es in Irland und Schottland anfangs nur wenige und wenn, dann eher kleine Kirchen gab, versammelten sich die Menschen zum Gottesdienst – genau wie ihre heidnischen Vorfahren – vielerorts im Freien, näherhin dort, wo aufgrund natürlicher Gegebenheiten oder besonderer, oftmals seit unvordenklicher Zeit bestehender Traditionen die Gegenwart des Jenseits, die Gegenwart des Heiligen, die Gegenwart des Göttlichen besonders intensiv spürbar war. Ähnlich wie die in der Regel deutlich jüngeren Kirchtürme sollten und sollen die Hochkreuze die Verbindung nach oben, zum Himmel, zu Gott symbolisieren und zugleich herstellen. Diese Vorstellung fiel umso leichter, wenn sie das, was sie vergegenwärtigen sollten, auch bildlich darstellten.

Allerdings fand man im Jahr 1862 im Boden unter Kildalton Cross die sterblichen Überreste eines Mannes und einer Frau, wobei der Mann möglicherweise keines natürlichen Todes gestorben war. Man hatte das Kreuz damals neu befestigen und seine

Fundamente stabilisieren müssen, da es sich aufgrund seines eigenen Gewichts im Laufe der Zeit geneigt hatte und umzustürzen drohte. Die Frage, um wessen Gebeine es sich bei den gefundenen handelte, musste damals jedoch ebenso unbeantwortet bleiben wie jene, ob zwischen der Beisetzung der betreffenden Personen und der Errichtung des Kreuzes irgendein Zusammenhang bestand. Die anderen Kreuze und Grabdenkmäler rund um Kildalton Chapel stammen jedenfalls allesamt aus deutlich jüngerer Zeit. Das gilt auch für ein zweites, gut 50 Meter in nordöstlicher Richtung außerhalb der Friedhofsmauern stehendes Hochkreuz, das vermutlich im späten Mittelalter entstand.

Kildalton Cross selbst ist eindrucksvolle 2,65 Meter hoch und 1,32 Meter breit. Gefertigt wurde es in einem Stück aus grau-grünem, äußerst hartem und witterungsbeständigem Gestein, so genanntem Grünschiefer, wie er im Südosten der Insel Islay allenthalben vorkommt. Es zeigt die für keltische Hochkreuze typische Form: Während sich die Balken jeweils zum Ende hin verbreitern, wird ihr Schnittpunkt von einem schmalen Ring umschlossen. Das obere Balkenende ist geringfügig, das untere deutlich länger als die beiden Enden des Querbalkens. Auf der Westseite ist Kildalton Cross mit typisch keltischen Ornamenten und Tierdarstellungen verziert, darunter Löwen, Schlangen und Vögeln, wie man sie zum Beispiel auch im etwa gleichzeitig, vermutlich auf Iona, entstandenen Book of Kells findet, dem wohl bedeutendsten Beispiel iro-schottischer Buchkunst, das sich heute in der Bibliothek des Trinity College in Dublin befindet.

Im Unterschied zur Westseite ist die Ostseite mit eindeutig christlichen Motiven verziert, darunter mehreren biblischen Szenen: Während man auf dem unteren Kreuzbalken die Gottesmutter Maria mit dem Jesuskind und zwei flankierenden Engeln er-

Das heute verschwundene Dach der Kirche von Kildalton wurde früher vermutlich von einem offenen Dachstuhl getragen.

kennen kann, zeigt der obere Balken zwei weitere Engel und darunter den späteren König David, wie er gerade mit einem Löwen kämpft (1 Sam 17,36). Auf dem linken Balkenende ist vermutlich dargestellt, wie Kain seinen Bruder Abel ermordet (Gen 4,8), während auf der gegenüberliegenden Seite Abraham zu sehen sein dürfte, der gerade im Begriff ist, seinen Sohn Isaak Gott als Opfer darzubringen (Gen 22,10). Abgesehen von dem Marienbild handelt es sich also durchweg um eher düstere, gewaltträchtige Bibelszenen, wie sie der Lebenswirklichkeit der Menschen in einer Zeit anhaltender Clanfehden und sich häufender Wikingerüberfälle wohl besonders nahe kamen.

So gewaltträchtig die dargestellten Bibelszenen auch erscheinen mögen, so trostreich sind sie zugleich. Denn in allen Fällen gewinnt am Ende das Gute, gewinnt das Leben, gewinnt Gott die Oberhand: David besiegte nicht nur den Löwen, sondern auch den scheinbar übermächtigen Goliat (1 Sam 17,50), Kain wurde trotz seines Verbrechens zum Familien- und Stadtgründer (Gen 4,17) und Abraham durfte erkennen, dass Gott nicht nach dem Leben,

Die Mälzerei von Port Ellen gehört zu den wenigen Anlagen ihrer Art, in der auch rauchiges Malz produziert wird.

sondern nach dem Glauben der Menschen trachtet (Gen 22,12). Indem der unbekannte Schöpfer von Kildalton Cross den Menschen scheinbar heil- und hoffnungslose Szenen vor Augen stellte, wollte er sie daran erinnern, dass Gott gerade in solchen Situationen niemanden im Stich lässt: „Ruft er zu mir, gebe ich ihm Antwort. In der Bedrängnis bin ich bei ihm, ich reiße ihn heraus und bring ihn zu Ehren. Ich sättige ihn mit langem Leben, mein Heil lass ich ihn schauen.“ (Ps 91,15-16)

Dass es mitunter gerade die scheinbar heil- und hoffnungslosen Erfahrungen sind, die zu neuem Leben führen, kann man auch vom „Wasser des Lebens“ lernen. Schließlich wird mit dem, was einmal zu Whisky werden soll, nicht gerade zimperlich umgegangen: Gerste wird befeuchtet und so zum Keimen gebracht, die Keimung jedoch kaum, dass sie begonnen hat, durch Wärmezufuhr abrupt gestoppt; das so entstandene Malz wird zermahlen und der darin enthaltene Zucker mit heißem Wasser ausgewaschen; Hefe lässt die süße Flüssigkeit aufwallen und verwandelt dabei den Zucker in Alkohol; durch mindestens zweimaliges, jeweils mehrere Stunden andauerndes Sieden wird der Alkohol zum Verdamp-

fen gebracht und unmittelbar danach durch Kühlen wieder verflüssigt; schlussendlich wird das so gewonnene Destillat in Fässer gezwängt und für mindestens drei Jahre in dunkle, feuchte Lagerhäuser verbannt.

Wenn aber das Destillat nach Abschluss seiner jahre- und mitunter sogar jahrzehntelangen Lagerzeit aus den Fässern befreit wird, hat es sich aus einer farblosen und nicht sonderlich wohlschmeckenden Flüssigkeit in eine goldbraun schimmernde Delikatesse verwandelt: in etwas, das nun in Flaschen gefüllt, aufwändig verpackt, in alle Welt exportiert, zu beträchtlichen Preisen feilgeboten und von vielen Menschen geschätzt, gekauft und genossen wird. Offenbar hat dem nunmehrigen Whisky das, was ihm im Zuge seines Herstellungsprozesses widerfahren ist, nur scheinbar Schaden zugefügt. Am Ende ging er – im wahrsten Sinn des Wortes – gestärkt, geläutert und gereift daraus hervor. Was er aushalten und erdulden musste, hat ihn nicht verdorben und entwertet, sondern zu etwas Besserem, Kostbarerem und Köstlicherem gemacht, als aus ihm geworden wäre, wenn er sich all dem hätte entziehen können.

Erfahrungen wie diese bietet aber nicht nur das „Leben" eines Whiskys, sondern auch das menschliche Leben. Jeder Mensch gerät früher oder später einmal in Situationen und Lebensphasen, in denen er sich gehemmt, zerrieben, ausgelaugt, aufgewühlt, ausgebrannt, eingeengt und hingehalten fühlt. Gründe dafür gibt es viele: familiäre Konflikte und Beziehungskrisen, Arbeitslosigkeit und unerfüllte Karrierehoffnungen, gescheiterte Lebensentwürfe und finanzielle Engpässe, Unfälle und Krankheiten, das unaufhaltsame Älterwerden, der Tod geliebter Menschen, die Angst vor dem eigenen Tod. Solche Erfahrungen sind aber nicht nur Schicksal, sondern immer auch Herausforderungen – Herausforderungen, an denen man, wenn man sich ihnen stellt, nicht zugrunde geht, sondern wächst, Erfahrungen, aus denen man, wenn man sie als Teil des Lebens und der eigenen Identität annimmt, gestärkt, geläutert und gereift hervorgeht.

Letztlich ist genau das die uralte, aber keineswegs überholte, sondern zeitlos gültige Botschaft von Kildalton Cross (wie auch jeder anderen Kreuzesdarstellung): dass Leid, gleich welcher Art, nicht sinnlos ist, sondern ungeahnte Kräfte freizusetzen, wertvolle Einsichten zu vermitteln und neue Perspektiven zu eröffnen vermag. Nicht zuletzt das meinte Jesus, als er dazu aufrief, „täglich sein Kreuz auf sich" zu nehmen (Lk 9,23). Leid ist niemals Selbstzweck, ist nichts Erfreuliches und nichts Erstrebenswertes, aber es ist nun einmal Teil des Lebens. Im Blick auf das Kreuz, das Sinnbild vermeintlich sinnlosen Leids schlechthin, gewinnt es jedoch eine Bedeutung, ja sogar einen Wert, wenn es – im wahrsten Sinn des Wortes – ertragen wird: Dann nämlich kann es, wie von Jesus beispielhaft vorgelebt, zum Mittel des Heils, zum Instrument der Stärkung, Läuterung und Reifung, zum Wegweiser in ein neues Leben werden.

Wie könnte man diese Erkenntnis besser verinnerlichen als bei der Verkostung eines Whiskys, dessen Kostbarkeit und Köstlichkeit auf genau diese Erfahrung zurückgeht? Dazu dürften sich gewiss nicht zuletzt solche Whiskys eignen, die in der Nähe der wohl bedeutendsten Kreuzesdarstellung Schottlands entstanden sind, nämlich in den Destillerien Laphroaig, Lagavulin oder Ardbeg. Von den Whiskys aus der Kildalton Cross am nächsten gelegenen Ardbeg Distillery wiederum bieten sich besonders jene beiden an, die sogar den Namen und eine Abbildung von Kildalton Cross auf ihrem Etikett tragen: Der ältere, 23 Jahre alte Ardbeg Kildalton von 2004, dessen Besonderheit in einem für die Destillerie ungewöhnlich niedrigen Rauchgehalt besteht, ist allerdings kaum noch erhältlich und umso weniger erschwinglich. Die 2013 erschienene, ebenfalls limitierte Neuauflage war und ist aber auch nicht gerade ein Schnäppchen.

Dafür übertrifft das äußere Erscheinungsbild des jüngeren Ardbeg Kildalton nahezu alles, was je aufgeboten wurde, um einen Whisky würdig zu präsentieren: Auf der schlichten, aber edlen Box findet sich nämlich eine zwar vereinfachte, aber nichtsdestotrotz imposante Abbildung (der Westseite) von Kildalton Cross! Man erkennt die beiden Kreuzbalken: den waagerechten, der die Welt umgreift, und den senkrechten, der zum Himmel weist. Ihren Schnittpunkt umschließt der für keltische Hochkreuze so typische Kreis, das Symbol der Vollendung und Vollkommenheit. Auf diese Weise wird deutlich: Wer Kreuz und Leid als Herausforderung begreift, annimmt und geduldig trägt, geht am Ende gestärkt, geläutert und gereift daraus hervor – wie ein guter Whisky, der erst, nachdem er eine ganze Menge aushalten und erdulden musste, zu dem geworden ist, was er von Anfang an werden sollte. ▌

KIRKWALL

St Magnus Cathedral & Highland Park Distillery

Die Orkney Inseln gehörten ebenso wie die noch weiter nordwestlich gelegenen Shetland Inseln fast das gesamte Mittelalter über nicht zu Schottland, sondern zu Norwegen.

Kirkwall, Orkney Islands

Üblicherweise wird er als ein Mann mit zwei Seelen dargestellt, als zwiespältiger Charakter oder gar als gespaltene Persönlichkeit: Magnus Eunson, einerseits hochangesehenes Mitglied und verdienstvoller Mitarbeiter seiner Kirchengemeinde, andererseits leidenschaftlicher Whiskyliebhaber, heimliche Whiskybrenner und notorischer Whiskyschmuggler. Dabei wird als völlig selbstverständlich vorausgesetzt, dass beides nicht zusammen passe, dass sich ein religiös geprägter Lebensstil nicht mit jener Lebensfreude, ja Lebenslust vereinbaren ließe, wie sie mit dem bewussten (und dementsprechend maßvollen) Genuss alkoholischer Getränke im Allgemeinen und der Begeisterung für schottischen Whisky im Besonderen einhergeht. Das allerdings ist nicht nur ein fataler Irrtum, sondern kompletter Unsinn – und Magnus Eunson ein gutes Beispiel dafür, dass sich beides sehr wohl und noch dazu sehr gut in Einklang bringen lässt.

Um den erwähnten Gegensatz möglichst groß erscheinen zu lassen, wird mitunter behauptet, Magnus Eunson sei ein Mann der Kirche gewesen, näherhin ein Geistlicher oder zumindest ein Prediger. Schon das entspricht aber nicht oder nur ansatzweise den Tatsachen. Der örtlichen Überlieferung nach, die sich in Ermangelung zeitgenössischer Dokumente allerdings auch nicht überprüfen lässt, war er von Beruf Metzger. Ansonsten ist über ihn und sein Leben nicht allzu viel bekannt – und das, was bekannt ist, beruht im Wesentlichen ebenfalls auf mündlichen Überlieferungen. Sicher ist lediglich, dass er an der Wende vom 18. zum 19. Jahrhundert in Kirkwall, dem Hauptort der Orkney Inseln, lebte, und schon zu seiner Zeit eine Art Heldenstatus genoss, wobei er aufgrund seiner Furchtlosigkeit, ja Dreistigkeit einerseits bewundert, andererseits aber auch damals schon, vor allem seitens der Obrigkeit, beargwöhnt wurde.

Wenn Mansie, wie er genannt wurde, auch weder Geistlicher noch Prediger war, so stand er doch im Dienst der Kirche, und zwar vermutlich in der heute in dieser Form und unter dieser Bezeichnung nicht mehr existierenden Funktion eines Beadle. Einem Beadle oblagen in etwa dieselben Aufgaben, die in der Church of Scotland heutzutage von einem Verger, in anderen Ländern hingegen von einem Küster oder Mesner ausgeübt werden. Dazu gehörten vor allem Aufsichts-, Ordnungs- und Reinigungsdienste innerhalb des betreffenden Gotteshauses sowie die

Die Kathedrale von Kirkwall gehört zu den am Besten erhaltenen mittelalterlichen Kirchen in Schottland.

Unterstützung der Geistlichkeit bei der Vorbereitung und Durchführung von Gottesdiensten. In aller Regel handelte es sich dabei jedenfalls um eine Funktion, die nicht hauptberuflich, sondern neben- oder ehrenamtlich ausgeübt wurde. Obwohl es auch dafür keine Belege gibt, dürfte Magnus Eunson seinen Dienst in der St Magnus Cathedral in Kirkwall ausgeübt haben.

Bei der St Magnus Cathedral handelt es sich um eines der bedeutendsten Gotteshäuser ganz Schottlands: Zum einen ist sie, wenn auch nur dem Namen nach, die am Weitesten nördlich gelegene Kathedrale des Landes, und zum anderen die älteste, die die Reformation nahezu unbeschadet überstanden hat. Ihr Bau wurde im Jahr 1137 begonnen und noch im 12. Jahrhundert fertiggestellt. Die aus dieser Zeit stammenden Bauteile, deren Fassaden eine ebenso ausgefallene wie effektvolle Gliederung aus rotem und gelbem Sandstein aufweisen, gehören zu den schönsten Beispielen normannischer Architektur überhaupt. Im 13. und 14. Jahrhundert wurde das Gotteshaus nach Osten wie nach Westen im gotischen Stil erweitert. Da es in der Church of Scotland,

Der westlich von Kirkwall gelegene Steinkreis von Brodgar gehört zu den ältesten erhaltenen Kultstätten in Europa.

in deren Besitz es sich seit der Reformation befindet, keine Bischöfe gibt, dient sie heute, formal betrachtet, nicht mehr als Kathedrale, sondern als einfache Gemeindekirche.

Erbaut wurde sie ursprünglich als Grabeskirche für den heiligen Magnus Erlendsson, und zwar von dessen Neffen Ronald, der eigentlich Rögnvald Kali Kolsson hieß und ebenfalls als Heiliger verehrt wird. Beider Namen zeigen unverkennbar nordische Einflüsse – und dem ist tatsächlich so: Bis 1468 gehörten die Orkney Inseln nämlich nicht zu Schottland, sondern zu Norwegen. Der heilige Magnus stammte aus norwegischem Adel und setzte sich unter Einsatz seines Lebens für Frieden und Versöhnung sowohl innerhalb seiner notorisch zerstrittenen Verwandtschaft als auch zwischen den rivalisierenden Clans auf den Orkney Inseln ein. Zumindest zu seinen Lebzeiten blieben seine Bemühungen freilich ohne Erfolg – im Gegenteil: Am 16. April 1115 wurde er auf Geheiß eines seiner Vettern aus purer Rivalität gefangengenommen und ermordet. Von daher wird er auch als Märtyrer verehrt.

Es war also die Grabeskirche seines eigenen Namenspatrons, in der Magnus Eunson – wie man zumindest annehmen kann – seinen Dienst als Beadle versah. Seine dortigen Tätigkeiten waren allerdings nicht nur dienstlicher Art. Er nutzte das Gotteshaus nämlich auch noch für eine weitere Tätigkeit, eine, die er weder haupt- noch nebenamtlich, sondern heimlich und illegal ausübte: den Whiskyschmuggel! So berichtet Alfred Barnard in seinem 1887 erstmals erschienenen Buch über „The Whisky Distilleries of the United Kingdom“, dass er den zum unversteuerten Weiterverkauf bestimmten Whisky gewöhnlich in der Kirche, näherhin in einem Verschlag unter der Kanzel zu verstecken pflegte, da er ziemlich sicher sein konnte, dass so schnell niemand auf den Gedanken kommen würde, ausgerechnet dort, gleichsam unter den Augen Gottes und der Geistlichkeit, nach geschmuggeltem Schnaps zu suchen.

Eines Tages jedoch wären ihm die Excisemen, die staatlichen Steuerfahnder, dennoch fast auf die Schliche gekommen, wie Alfred Barnard weiter berichtet: Nachdem Mansie Eunson von einer bevorstehenden Durchsuchung der Kirche erfahren hatte, gelang es ihm gerade noch rechtzeitig, die dort zwischengelagerten Fässer zu sich nach Hause zu schaffen. Dort stellte er sie mitten in ein Zimmer, legte ein Brett darüber und verhüllte das Ganze mit einem weißen Tuch, so dass es aussah, als befände sich ein Sarg darunter. Sodann rief er seine Familie und seine Angestellten zusammen, drückte allen ein Gebetbuch in die Hand und begann selbst laut aus der Bibel vorzulesen. Als die Steuerfahnder kamen, um nach der Kirche auch noch das Haus zu durchsuchen, raunte ihnen einer der Anwesenden schluchzend zu: „Die Pocken!“ – woraufhin sie sich hurtig entschlossen, ihren Einsatz abzubrechen und das Weite zu suchen.

Whiskys aus der Highland Park Distillery wird nicht ohne Grund ein an Heidekraut erinnerndes Aroma nachgesagt.

Weitere Episoden über Magnus Eunson und seine heimlichen Umtriebe hat William R. Mackintosh in seinem 1898 erschienenen Erzählband „Around the Orkney Peat Fires“ zusammengetragen. So soll sich eines Sonntags in jener Kirche, in der Mansie Eunson als Beadle tätig war, ein Geistlicher von der Kanzel herab über das ausufernde Schmugglerwesen auf den Orkneys ereifert haben, das er als unchristlich und sündhaft verdammte. Mansie hörte zu, verzog aber keine Miene. Nach dem Gottesdienst von einem Vertrauten befragt, was er denn von der Tirade hielte, die eben von der Kanzel herab zu vernehmen gewesen war, soll er schmunzelnd geantwortet haben: „Ich meine, dass unser Geistlicher

nicht sehr glaubwürdig ist, denn just zu der Zeit, als er seine Predigt hielt, lagerten unter seiner Kanzel sechs Fässer gefüllt mit dem besten Schnaps, der je geschmuggelt wurde."

Offenbar sah Magnus Eunson, ganz anders als jener Geistlicher, keinen Widerspruch zwischen seinem Glauben und seiner Leidenschaft für Whisky. Und er ging dabei so weit, dass er sogar das Übertreten von Gesetzen für gerechtfertigt hielt, deren Befolgung ihm und anderen den Zugang zu dem, was sie als Quelle und Ausdruck ihres Lebensgefühls empfanden, erschwert oder gar verunmöglicht hätte. Offenbar betrachtete er, wie die meisten anderen Schotten auch, die Herstellung und den Genuss von

Whisky als ein angestammtes Recht – und die dem entgegenstehenden Steuergesetze folglich als unrechtmäßig. Aber hat nicht der heilige Paulus unmissverständlich erklärt, dass man sich als Christ „den Trägern der staatlichen Gewalt“ unterzuordnen habe, da es „keine staatliche Gewalt außer von Gott“ gibt, sodass sich jeder, der sich „der staatlichen Gewalt widersetzt“, zugleich „gegen die Ordnung Gottes“ (Röm 13,1-2) stellt?

Der heilige Paulus wird sogar noch konkreter, wenn er weiter schreibt: „In Gottes Auftrag handeln jene, die Steuern einzuziehen haben. Gebt allen, was ihr ihnen schuldig seid, Steuer, wem ihr Steuer schuldet, Zoll, wem ihr Zoll schuldet“ (Röm 13,6-7). Würde man diese biblischen Maßgaben eins zu eins auf Magnus Eunson und seine Umtriebe anwenden, käme man schwerlich umhin, hier einen Widerspruch auszumachen. Schließlich hat auch Jesus gesagt: „Gebt dem Kaiser, was dem Kaiser gehört, und Gott, was Gott gehört!“ (Mt 22,21) Dennoch ist es nicht ganz so einfach, wie es zunächst den Anschein hat, denn zweifellos hatten weder Jesus noch Paulus die Absicht, gegebenenfalls auch Unrecht und Machtmissbrauch zu rechtfertigen oder beidem sogar noch Vorschub zu leisten – im Gegenteil: Sowohl Jesus als auch Paulus wurden letztendlich selbst Opfer gebeugten Rechts und missbrauchter Macht.

Um Mansie Eunson und seine Umtriebe besser einordnen zu können, muss man sich klar machen, dass Whisky in Schottland bis ins erste Viertel des 19. Jahrhunderts hinein weit mehr war als nur ein Getränk oder Genussmittel. Whisky war tatsächlich so etwas wie Quelle und Ausdruck schottischen Lebensgefühls, war ein Statement gegen Unterdrückung und ein Sinnbild souveränen Lebens, war ein Synonym für Freiheit. So formulierte der schottische Dichter Robert Burns im Schlussvers seines satirischen Gedichts „The Author’s Earnest Cry And Prayer" („Des Autors inständiges Schreien und Beten") aus dem Jahr 1786 die vielzitierte Maxime: „Freedom an' whisky gang thegither!" – zu Deutsch: „Freiheit und Whisky gehören zusammen". Und eben diese Freiheit war zu jener Zeit, nach dem endgültigen Scheitern der Jakobiteraufstände *(siehe Lochaber)*, aufs Schwerste bedrängt, bedroht und beeinträchtigt.

Durch den Act of Union hatte Schottland im Jahr 1707 seine politische Eigenständigkeit verloren und war zu einem Teil des englisch dominierten Königreichs Großbritannien geworden. Während sich der schottische Adel, verlockt von lukrativen Geschäften und ehrenvollen Posten, recht bald mit den neuen Machtverhältnissen arrangiert hatte, fühlten sich die einfachen Menschen umso mehr unterdrückt, gedemütigt und ausgebeutet. Vieles von dem, was ihr Leben früher bestimmt und bereichert hatte, war ihnen genommen oder verboten worden: Die identitätsstiftende und Geborgenheit bietende Struktur der Clans hatte man nach und nach zerschlagen, die gälische Sprache immer mehr zurückgedrängt, den Gebrauch der traditionellen Kleidung, näherhin das Tragen von Plaids und Kilts in den typisch schottischen Karomustern, über einige Zeit hinweg sogar unter Strafe gestellt.

Aber damit nicht genug: Als beinahe genauso schlimm empfanden viele Schotten die staatlich verordnete Verteuerung und Verknappung dessen, was ihnen in ihrem oftmals entbehrungsreichen Alltag seit alters her ein wenig Entspannung und Genuss bereitet hatte: das „Wasser des Lebens". In früheren Zeiten hatten, zumal in den Highlands, viele Familien oder Dorfgemeinschaften ihren Whisky selbst gebrannt, und zwar in der Regel genau so viel, wie sie für sich benötigten, und immer dann, wenn sie Zeit dazu hatten. Das aber war mit einem Mal verboten: Whisky durfte nur noch brennen, wer über eine staatliche Lizenz verfügte. Deren enorme Kosten aber führten zusammen mit den unablässig steigenden Steuern dazu, dass Whisky zu einem schier unerschwinglichen Luxusgut zu werden drohte. Viele Schotten, insbesondere in den Highlands, empfanden die entsprechenden Gesetze mit gutem Grund als reine Schikane.

Es war nicht zuletzt der christliche Glaube, der so manchen von ihnen ermutigte, ja geradezu anspornte, sich der Befolgung dieser Gesetze nach Kräften zu verweigern und ihre Umsetzung auf jede nur erdenkliche Weise zu unterlaufen. Jesus hat zwar gesagt, dass man dem Kaiser geben soll, „was dem Kaiser gehört" (Mt 22,21), aber damit hat er dem Staat und seinen Autoritäten zugleich eine klare Grenze aufgezeigt: Sie dürfen nämlich nur das und nicht mehr verlangen oder vorschreiben, als was ihnen tatsächlich gehört und zusteht. Bei Gesetzen, deren einziger oder zumindest vornehmlicher Zweck darin besteht, Menschen zu schikanieren, ist dies zweifellos nicht der Fall; gegebenenfalls hätte man gerade als folgsamer Christ das Recht und unter Umständen sogar die Pflicht, solchen Gesetzen den Gehorsam zu verweigern. Insofern stand damals für so manchen Schotten völlig außer Frage, was es zu tun und zu lassen galt.

Zu tun galt es das, was man von jeher getan hatte: sich ganz nach Belieben an Whisky zu erfreuen und diesen je nach Bedarf zu erwerben oder selbst herzustellen – ganz gleich, ob dies nun verboten war oder nicht. Zu lassen hingegen war, was dem gegebenenfalls entgegenstand: der Erwerb einer Brennlizenz und die Entrichtung der fälligen Steuern. Für nicht wenige Schotten, zumal in den Highlands, war es geradezu eine Ehrensache, die gesetzlichen Beschränkungen zu umgehen und dem Staat und seinen ebenso zahlreichen wie unerbittlichen Steuerfahndern ein Schnippchen zu schlagen. Die illegale Herstellung und der Schmuggel von Whisky diente

Allein schon aufgrund seiner Geschichte ist jeder Whisky ein Statement für Standhaftigkeit, Toleranz und Freiheit.

somit als eine Art Ventil für die nach wie vor lebendige Sehnsucht nach Freiheit: Nach den ernüchternden Erfahrungen der Jakobiteraufstände bekämpfte man die Unterdrücker nun nicht mehr mit Waffengewalt, sondern mit Lebenslust.

Magnus Eunson war einer dieser lebenslustigen Freiheitskämpfer, einer von vielen. Die meisten von ihnen hielten sich, mit gutem Grund, im Verborgenen und gerieten darum bald in Vergessenheit. Einige von ihnen wurden jedoch zu regelrechten Volkshelden und ihre Abenteuer zu Legenden. Was die Erinnerung an Mansie Eunson lebendig erhielt, war vor allem seine Verbindung zur Kirche, die seine Umtriebe noch einmal verwegener erscheinen ließ, als sie es ohnehin schon waren. Aufgrund dessen wurde er allerdings, wie William R. Mackintosh berichtet, sowohl seitens der staatlichen als auch der kirchlichen Obrigkeit mit zunehmendem Misstrauen bedacht. Dies führte schließlich dazu, dass er seine Funktion als Beadle verlor – was er sich derart zu Herzen nahm, dass er fortan nur noch selten einen Gottesdienst besuchte. Seiner persönlichen Glaubens- und Lebensfreude tat dies aber keinen Abbruch.

Um die Wende vom 18. zum 19. Jahrhundert erreichte das Schmugglerwesen auf den Orkney Inseln seinen Höhepunkt.

Mansie Eunsons Verbindung zur Kirche ist aber ohnehin nicht der einzige Grund dafür, dass er bis heute unvergessen ist: Er wird nämlich auch mit einer der bekanntesten schottischen Whisky-Destillerien, der Highland Park Distillery, in Verbindung gebracht. Dass er deren Gründer sei, wie mitunter behauptet wird, entspricht jedoch ebenso wenig den Tatsachen wie seine angebliche Tätigkeit als Geistlicher oder Prediger. Wahr ist lediglich, dass er etwas außerhalb des damaligen Stadtgebiets von Kirkwall einen Unterschlupf von der Art besaß, wie er in Schottland gewöhnlich als Bothy bezeichnet wird: ein kleines, aber wetterfestes und mit einer Feuerstelle ausgestattetes Häuschen, das er vermutlich als Lager- und Umschlagplatz für seine Schmuggelware nutzte und wo er vielleicht sogar selbst Whisky destillierte. Mansies Bothy lag der Überlieferung nach in etwa dort, wo sich heute die Highland Park Distillery befindet.

Von daher ist es zumindest nicht völlig abwegig, wenn letztere ihre Entstehung auf Kirkwalls prominentesten Schmuggler und das Jahr 1798 zurückführt. Zwar gab es dort zu jener Zeit noch keine gewerblich betriebene Destillerie, so dass es sich bei der genannten Jahreszahl, die in metallenen Lettern über dem Haupteingang der Destillerie prangt, um eine mehr oder weniger willkürlich gewählte Angabe handelt, doch ist es zumindest nicht ganz unwahrscheinlich, dass Mansie Eunson im fraglichen Jahr an der betreffenden Stelle, auf welche Weise auch immer, mit der Beschaffung und dem Verkauf von Whisky befasst war. Tatsächlich erfolgte die Gründung der Highland Park Distillery aber erst 1825, also nach der 1823 erfolgten drastischen Steuersenkung, die zugleich den Betrieb gewerblicher Destillerien erleichterte und so dem Schmugglerwesen ein Ende setzte.

Obwohl Magnus Eunson wenn überhaupt, dann nur entfernt mit ihrer Gründung zu tun hatte, wurde ihm seitens der Highland Park Distillery im Jahr 2014 ein im wahrsten Sinn des Wortes geschmackvolles Denkmal gesetzt, und zwar mit einer eigenen, bis 2017 produzierten Abfüllung namens „Dark Origins". Dark, düster, waren allerdings weniger Mansies Umtriebe als Whiskyschmuggler und eventuell auch -brenner, sondern vielmehr die Umstände, die ihn zu solchem Tun bewegten. Schließlich ging es ihm dabei nicht nur und vielleicht nicht einmal vorrangig um Whisky, sondern um ein Leben jenseits von Entbehrung, Angst und Unterdrückung, um ein Leben in Freiheit. Mansie Eunson hatte – und zwar weit mehr als eine in vermeintlich frommer Unterwürfigkeit befangene Geistlichkeit – verstanden, was es bedeutet, wenn der Apostel Paulus schreibt: „Ihr seid zur Freiheit berufen" (Gal 5,13)! ▮

SEGENSWÜNSCHE UND GEBETE

Ich erhebe meine Augen zu den Bergen:
Woher kommt mir Hilfe?
Meine Hilfe kommt vom Herrn,
der Himmel und Erde erschaffen hat.
Er lässt deinen Fuß nicht wanken;
dein Hüter schlummert nicht ein.
Siehe, er schlummert nicht ein und schläft nicht,
der Hüter Israels.
Der Herr ist dein Hüter,

der Herr gibt dir Schatten zu deiner Rechten.
Bei Tag wird dir die Sonne nicht schaden
noch der Mond in der Nacht.
Der Herr behütet dich vor allem Bösen,
er behütet dein Leben.
Der Herr behütet dein Gehen und dein Kommen,
von nun an bis in Ewigkeit.

(Psalm 121)

Der rekonstruierte Kreuzgang des vom heiligen Kolumban gegründeten Klosters auf der Insel Iona ist heute wie damals ein Ort der Stille und der Begegnung.

Der Herr sei vor dir,
um dir den rechten Weg zu zeigen.

Der Herr sei neben dir,
um dich in die Arme zu schließen
und dich zu schützen vor Gefahren.

Der Herr sei hinter dir,
um dich zu bewahren
vor der Heimtücke böser Menschen.

Der Herr sei unter dir,
um dich aufzufangen, wenn du fällst.

Der Herr sei in dir,
um dich zu trösten, wenn du traurig bist.

Der Herr sei um dich herum,
um dich zu verteidigen,
wenn andere über dich herfallen.

Der Herr sei über dir,
um dich zu segnen.

(AUS IRLAND)

Auf den Weg des Friedens und des Glückes führe euch der allmächtige und barmherzige Herr, und der Engel Raphael begleite euch auf eurem Weg, damit ihr friedvoll, gesund und fröhlich nach Hause zurückkehrt.

Gott, du hast die Kinder Israels trockenen Fußes mitten durch das Meer gehen lassen und den drei Weisen durch einen Stern den Weg zu dir gewiesen. Wir bitten dich: Gewähre ihnen eine glückliche Reise und eine ruhige Zeit, damit sie unter dem Schutz deines heiligen Engels ihr Ziel erreichen und einst zum Hafen der ewigen Seligkeit gelangen.

Gott, du hast deinen Diener Abraham aus Ur in Chaldäa herausgeführt und auf seinen Wegen überall beschützt. Wir bitten dich: Beschütze auch diese deine Diener. Sei ihnen, Herr, Ansporn beim Aufbruch, Antrieb auf dem Weg, Schatten bei Hitze, Obdach bei Kälte und Regen, Fahrzeug bei Müdigkeit, Schutz in Gefahr, Stock bei Glätte und Hafen bei Schiffbruch, damit sie, von dir geführt, glücklich an ihr Ziel gelangen und schließlich wohlbehalten wieder nach Hause zurückkehren.

(AUS DEM RÖMISCHEN RITUALE)

Bewahre uns, Gott, behüte uns, Gott,
sei mit uns auf unsern Wegen.
Sei Quelle und Brot in Wüstennot,
sei um uns mit deinem Segen.

Bewahre uns, Gott, behüte uns, Gott,
sei mit uns in allem Leiden.
Voll Wärme und Licht im Angesicht,
sei nahe in schweren Zeiten.

Bewahre uns, Gott, behüte uns, Gott,
sei mit uns vor allem Bösen.
Sei Hilfe, sei Kraft, die Frieden schafft,
sei in uns, uns zu erlösen.

Bewahre uns, Gott, behüte uns, Gott,
sei mit uns durch deinen Segen.
Dein Heiliger Geist, der Leben verheißt,
sei um uns auf unsern Wegen.

(EUGEN ECKERT)

Keltische Hochkreuze wie das St Martin's Cross auf Iona wurden geschaffen, um den Menschen Orientierung zu bieten.

Gott,
Du bist der Ursprung meines Lebens.
Du bist die Heimat, die mich hervorbringt.
Du bist der Boden, der mich trägt.
Du bist die Weite, die mich lockt.
Du bist die Fremde, die mich inspiriert.
Du bist der Weg, der mich voranbringt.
Du bist der Horizont, der mich beflügelt.
Du bist das Firmament, das mich staunen lehrt.
Du bist die Sonne, die mich erleuchtet.
Du bist die Wolke, die mir Schatten spendet.
Du bist der Wind, der mich antreibt.
Du bist der Regen, der mich erfrischt.
Du bist der Fluss, der mich mitreißt.
Du bist das Tal, das meinen Schritt beschleunigt.
Du bist der Berg, der mein Ungestüm bändigt.
Du bist die Wildnis, die mich herausfordert.
Du bist die Wüste, die mir meine Grenzen aufzeigt.
Du bist der Wegweiser, der mir Orientierung bietet.
Du bist der Fels, der mir Schutz gewährt.
Du bist das Gras, das mich zum Rasten einlädt.
Du bist das Wasser, das meinen Durst stillt.
Du bist die Nahrung, die mir Kraft verleiht.
Du bist der Mantel, der mich wärmt.
Du bist der Stock, der mir Halt gibt.
Du bist die Medizin, die meine Wunden heilt.
Du bist das Kissen, das mich ausruhen lässt.
Du bist die Stimme, die mir gut zuredet.
Du bist die Hand, die mir aufhilft.
Du bist der Arm, der mich umfängt.
Du bist die Schulter, die mich stützt.
Du bist der Freund, der mich begleitet.
Du bist das Zuhause, das mich erwartet.
Du bist das Ziel meines Lebens.

Amen. ❙

Auf den Verpackungen schottischer Single Malt Whiskys ist in der Regel nicht nur angegeben, aus welchem Land, sondern auch, aus welcher Region sie stammen. Traditionell wird Schottland nämlich in verschiedene Whisky-Regionen unterteilt. Die aus den einzelnen Regionen stammenden Whiskys weisen, ungeachtet aller Unterschiede, gewisse Gemeinsamkeiten auf. Gemäß den geltenden gesetzlichen Bestimmungen (Scotch Whisky Regulations) gibt es in Schottland drei große Whisky-Regionen (Protected Regions), nämlich Lowland, Highland und die als Speyside bezeichnete Gegend um den Fluss Spey, sowie zwei kleinere Whisky-Regionen (Protected Localities), nämlich die Stadt Campbeltown und die Insel Islay. Dabei gilt es zu beachten, dass die Abgrenzungen der einzelnen Whisky-Regionen von den teilweise gleichnamigen geographischen und politischen Gliederungen Schottlands in einigen Fällen erheblich abweichen.

Um der besseren Übersichtlichkeit willen wurde im vorliegenden Buch von dieser Einteilung (zumindest teilweise) abgewichen und stattdessen auf eine unter Whiskyliebhabern ebenfalls übliche Gliederung zurückgegriffen: Demnach unterscheidet man, wie die gegenüberliegende Karte zeigt, zwischen den Lowlands, die der (fast) gleichnamigen gesetzlich definierten Region entsprechen, den Highlands, welche die gesetzlich definierte Region Highland einschließlich der Speyside, aber ohne die Inselgruppen der Orkneys, der Inneren und der Äußeren Hebriden umfasst, sowie den im Westen und Norden Schottlands gelegenen Inseln einschließlich von Islay. Ein weiterer Vorteil dieser etwas vereinfachten Gliederung besteht darin, dass sie den landschaftlichen, klimatischen, geschichtlichen und kulturellen Gegebenheiten Schottlands besser gerecht wird als dies bei den gesetzlich definierten Whisky-Regionen der Fall ist.

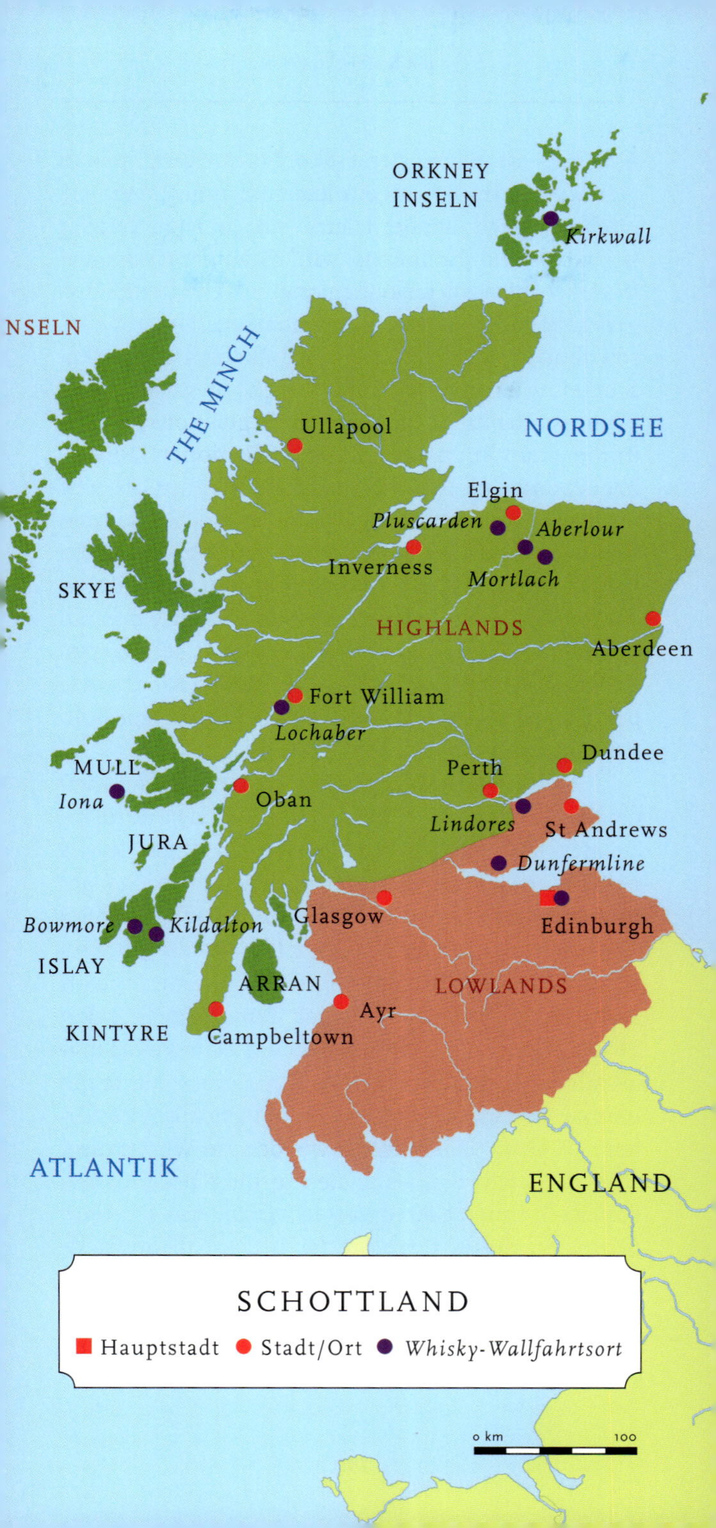

ORKNEY INSELN
Kirkwall
NSELN
THE MINCH
Ullapool
NORDSEE
Elgin
Pluscarden
Aberlour
Inverness
Mortlach
SKYE
HIGHLANDS
Aberdeen
Fort William
Lochaber
Dundee
MULL
Perth
Iona
Oban
Lindores
St Andrews
JURA
Dunfermline
Bowmore
Kildalton
Glasgow
Edinburgh
ISLAY
ARRAN
LOWLANDS
Ayr
KINTYRE
Campbeltown
ATLANTIK
ENGLAND
SCHOTTLAND
Hauptstadt
Stadt/Ort
Whisky-Wallfahrtsort
0 km
100

Ein Buch ist niemals nur das Werk dessen, der es geschrieben hat. Damit ein Buch entstehen kann, genügt nämlich nicht allein ein entsprechendes Vorhaben und die Bereitschaft, es zu verwirklichen. Wer ein Buch zu schreiben und zu veröffentlichen gedenkt, bedarf dazu, und zwar auf vielfältige Weise, sowohl der geistigen Anregung als auch der praktischen Unterstützung. Darum gilt es an dieser Stelle all jenen Dank zu sagen, die, auf welche Weise auch immer, zum Entstehen dieses Buchs beigetragen haben. Zu danken habe ich zunächst all jenen, die mir innerhalb meines kirchlich-beruflichen Umfelds den nötigen inneren wie äußeren Freiraum zugestanden haben, solch ein Vorhaben anzugehen und zu verwirklichen, allen voran Dekan und Pfarrer Christian Penzkofer. Dazu dankenswerterweise beigetragen haben außerdem Prälat Prof. Dr. Ludwig Mödl sowie der geschäftsführende Direktor des St. Michaelsbundes, Stefan Eß.

Den Lesern der auflagenstärksten deutschsprachigen Fachzeitschrift für Whisky, „Der Whisky-Botschafter“, werden manche Kapitel dieses Buchs bekannt vorkommen. Tatsächlich gehen etliche von ihnen auf Artikel zurück, die zuvor in der genannten Zeitschrift erschienen sind. Mich zu deren Autorenteam zählen zu dürfen, ist mir sowohl eine Ehre als auch ein Vergnügen, wofür ich besonders Christian H. Rosenberg als Herausgeber und Heinfried Tacke als Chefredakteur herzlich danke. Denen, die schon einmal an einer der von mir alljährlich organisierten „Whisky-Wallfahrten“ teilgenommen haben, wird gleichfalls einiges in diesem Buch bekannt vorkommen. Ihnen allen danke ich dafür, dass ich beim Schreiben dieses Buchs nicht nur auf theoretische Überlegungen, sondern – aufgrund ihres anregenden Mitdenkens und Mittuns – auch und in hohem Maß auf praktische Erfahrungen zurückgreifen konnte.

Ein ganz besonderer Dank gilt dem Verlag EOS – Editions Sankt Ottilien und dessen Leiter, P. Dr. Cyrill Schäfer OSB, der nicht nur ohne zu zögern bereit war, dieses Buch zu verlegen, sondern auch keinen Aufwand gescheut hat, um dem kargen Manuskript mithilfe von Dorothee Griesbeck ein ansprechendes Erscheinungsbild zu verleihen. Gertraud Heigl hat dankenswerterweise die Mühe des Korrekturlesens auf sich genommen. Rudolf Bornschlegl, Fr. Giles Conacher, Bernhard Czerny, Petra Milde, Karl Sedlmaier, Joe Seidel und Udo Sonntag danke ich für die wunderbaren Fotos, die sie mir zur Verfügung gestellt haben. Für die Genehmigung zum Abdruck der geistvollen Verse von Pfarrer Eugen Eckert danke ich außer ihrem Verfasser auch dem Strube Verlag GmbH. Des Weiteren danke ich Christina („Hexe") Fürbaß; sie weiß, wofür. Und nicht zuletzt danke ich dem, dem letztlich alles zu verdanken ist: Deo gratias!

WFR

Umschlagbild: Steinkreis von Brodgar,
Orkney Inseln.

1. Auflage 2018, Deutsche Erstausgabe

EOS – Editions Sankt Ottilien
www.eos-verlag.de, mail@eos-verlag.de

ISBN 978-3-8306-7875-5

Bildquellen: Rudolf Bornschlegl (21), Chivas Brothers (84), Fr. Giles Conacher / Pluscarden Abbey (116/117, 119, 122, 124, 127), Bernhard Czerny (6, 88, 92, 132, 140/141, 164/165, Umschlagrückseite), fotolia (10/11, 42/43, 54, 76/77, 79, 120, 151, 155), Martin Grace Photography (113), iStock (Umschlag, 1, 13, 15, 24, 27, 32/33, 41, 48/49, 85, 86/87, 91, 96, 98/99, 104/105, 110/111, 128/129, 131, 134, 136/137, 138/139, 145, 156/157, 159, 171, 172, 182/183, 186, 190/191), David Larsen (9), Lindores Abbey Distillery (61, 73, 74/75), Petra Milde (82), Wolfgang F. Rothe (16, 19, 22, 28/29, 36, 38, 44, 58/59, 62, 65, 68, 70, 89, 135, 149, 152), Karl Sedlmaier (107, 114), Joe Seidel (4, 80, 81), Soren Solkaer / Edrington (2/3, 168/169, 174/175, 179, 180), Udo Sonntag (160, 163).

Bibliografische Information der Deutschen Bibliothek
Die Deutsche Bibliothek verzeichnet diese Publikation in der Deutschen Nationalbibliografie;
detaillierte bibliografische Angaben sind im Internet unter http://dnb.ddb.de abrufbar.

Herstellung: EOS Print Sankt Ottilien und
griesbeckdesign, Dorothee Griesbeck

eos